Michel Ventura

Commentaires sur :Les arcanes du savoir universel et de la discussion

Michel Ventura

Commentaires sur :Les arcanes du savoir universel et de la discussion

Éditions Vie

Imprint
Any brand names and product names mentioned in this book are subject to trademark, brand or patent protection and are trademarks or registered trademarks of their respective holders. The use of brand names, product names, common names, trade names, product descriptions etc. even without a particular marking in this work is in no way to be construed to mean that such names may be regarded as unrestricted in respect of trademark and brand protection legislation and could thus be used by anyone.

Cover image: www.ingimage.com

Publisher:
Éditions Vie
is a trademark of
Dodo Books Indian Ocean Ltd. and OmniScriptum S.R.L publishing group

120 High Road, East Finchley, London, N2 9ED, United Kingdom
Str. Armeneasca 28/1, office 1, Chisinau MD-2012, Republic of Moldova, Europe
Printed at: see last page
ISBN: 978-613-9-59439-9

Commentaire du livre " les arcanes du savoir universel et de la discussion "

Sommaire

Introduction

S'il vous est arrivé de lire les "arcanes du savoir universel et de la discussion", les commentaires qui font suite vont grandement vous aider à comprendre et à raisonner sur le pourquoi du comment d'un tel livre. Ce qui est exposé dans mes livres relève de la théologie et d'autre sciences comme la physique quantique, la métaphysique, la philosophie etc... Ainsi usurper une identité est une chose mais donner un sens à une identité est autre chose. C'est-à-dire qu'il n'y a qu'Al Mahdi qui peut déduire et donner un sens à sa nouvelle vie, car il est le seul concerné par cette tâche. Tout cela par une fusion psychique sans cesse grandissante avec l'Âme universelle. il est la pierre de l'angle que les bâtisseurs ont négligés dans les évangiles. L'Imama est donc supplanté par une autre réalité du Divin. Cela continue et commence avec le fils née du Mahdi et d'une femme, par insémination d'un esprit dans la matrice d'une femme. Le nouvel Être englobe dans ses fonctions celles de l'Imam.

Beharul Anwaar d'Allama Majlissi – Vol 13 – Chap. 4 Al Ghayba de Sheikh Toussi, P. 150, Hadith n° 111
Imam Ja'far Sadiq as dit que son père a rapporté le hadith de ses ancêtres que l'Imam Ali as a dit : « Le Messager d'Allah Sawaw, la veille de sa mort, m'a dit : « Ô père de Hassan ! Emmène-moi une feuille et de l'encre, alors je lui ai emmené de l'encre et une feuille. » Le Messager d'Allah écrivit son testament jusqu'à ce qu'il me dit : «Ô Ali ! Après moi il y aura 12 Imams et après eux 12 Mahdi et toi Ô Ali, tu es le premier des 12 imams. » Il continua le Hadith jusqu'à ce qu'il dit : « L'Imamat sera transmis par l'Imam Al Hassan al Askari à son fils « MHMD » qui deviendra alors le protecteur de l'ordre qui est en réalité la descendance de Mohammad Sawaw et se soumettra à cette responsabilité. Et il est le 12ème des 12 Imams. Après Lui, viendront les 12 Mahdi. Lorsque s'approchera, du Qaim ATFS, le temps de sa mort il donnera le pouvoir a son fils qui est le 1er des mahdis et il a 3 noms : le 1er est identique au mien, le second est identique à ceux de mon père qui sont : Abdullah et Ahmad et son 3ème nom est Mahdi Et il est le 1er des Croyants. » »

Le contexte

Tout d'abord, avant d'exposer la réalité dans laquelle evolue les Êtres conscients, nous devons fournir un cadre et une trame historique pour saisir la porté de la mission du Mahdi ou autrement dit l'Élu de la Matrice universelle.

Dans le Chiisme, il existe 1 million d'Adam et nous sommes les derniers parmi ceux-là. Nous pouvons donc nous poser une question naturelle, est ce qu'il y a une seule trame historique ou bien plusieurs? Ou est ce qu'il y a un ou plusieurs Paradis et Enfer?

Pour ma part, sur le principe qu'Allah ne divulgue rien de ses mystères par les Prophètes et Imams, sans que cela soit utile et vérifiable (le trajet de la parole) pour les créatures, nous pouvons être sûr qu'il n'y a qu'une seule trame historique... de plus pour étayer cette vérité il y a le hadith de l'ermite qui échangeait avec l'Imam Musa Khazim au sujet de Lettres d'Allah retenues dans l'Espace et réservées au Mahdi qui les interprétera. Pourquoi donc retenir ces lettres dans l'Espace si le Mahdi ne doit pas y aller? Mais aussi le fait qu'elles lui soient réservées exclusivement nous incite a la réflexion... ne doit-il pas répandre la religion d'Allah par une Parole.nouvelle du Divin dans tout l'Univers habité sachant que ce sera ça première tâche sur la Terre?

Un autre hadith a attiré mon attention, il nous indique que le Mahdi est celui dont l'héritage sera distribué de son vivant, c'est-à-dire qu'il sera dans une certaine situation... c'est en fait qu'il devra quitter la Terre pour un long moment car il devra se diriger vers l'Espace et répandre la Parole de Dieu.

L'Espace est regit et régulé par des Énergies intelligente et d'autres élémentaires. Et le vivant est régit par la Captation des Énergies en double sens. Hypothétiquement, l'Energie pure élémentaires et unique et l'émanation des psychés Individuelles se mélangent pour créer un Spectres ou Hackers. Et la somme des Spectres ou Hackers qui se joignent crée un Egregores. Après l'atteinte d'un certain degré de complexité et de conscience, l'égrégore obtient une Âme, elle est donc vivante des prières et du culte de ses adeptes.

Qui est Dieu?

Il serait facile en lisant les Livres 1 et 2 des "arcanes du savoir universel et de la discussion", de tomber dans le polythéisme en faisant du Mahdi un dieu. Hors ce n'est pas le cas ni la vérité derrière ces livres.

Premièrement il semble essentiel de prévenir tout débordement sur ce sujet en citant les point centraux du Tawhid (science islamique sur l'Unicité d'Allah), qui sont:

- Allah est Unique en essence.
- Il n'a pas engendré et n'a pas d'épouse.
- Il existait avant le commencement et existera après la Fin.

Comme nous le verrons plus tard dans les commentaires, Allah se voit de deux manières complémentaires. La première est qu'il est Omniscient et Omnipotent et la deuxième est son Omniprésence. Ce sont ces trois attributs qui font partie intégrante de son Essence, qui le rendent intime avec sa Création et qui font de Lui un Dieu Unique. Il est reconnu qu'Allah n'a besoin de personne dans ses moyens d'existences c'est-à-dire qu'il est Celui qui subsiste par Lui-même. Pour exalter sa Gloire, Il a créé certaines créatures pour faire ce qu'Il souhaite. Ainsi en récapitulant et en mettant en scène tout ce que j'ai exposé, Allah a créé une réalité vivante d'elle-même, qu'il maîtrise par son Omniscience, Omnipotence et Omniprésence. Cette réalité vivante est l'Âme universelle qui prend la Voix de Dieu car Dieu est inaccessible pour toutes ses créatures. C'est-à-dire que l'Âme universelle est consciente d'omniscience, d'omnipotence et d'omniprésence dans sa Matrice de conscience. Ainsi Allah a créé une Destiné pour ses actions, et il a ensuite scellé cette Destiné dans une Âme universelle, tout comme cela est fait pour les hommes avec leur Âme. Il faut donc dissocier Allah et l'Ame universelle sans le faire d'une manière complète, car quand Allah parle ou bien qu'il demande une chose ou bien qu'il révèle sa Grandeur, c'est par sa Volonté. Néanmoins l'expression de sa Volonté est l'Ame universelle.
L'Âme universelle est donc une extension de la Volonté divine, ainsi elle n'a pas de libre-arbitre pour faire une scission avec Allah. Elle est l'expression du Tout, et du plus petit état au plus grande sphères de consciences, l'Âme universelle en fait partie intégrante.

Qui est Al Mahdi, le Programme-Programmeur ?

Pour répondre à cette question il faut savoir ce qu'est un Imam dans le Chiisme... ils sont au nombre de 12 et ils se sont succédés sur environ 250 ans depuis Ali le cousin du Prophète Muhammad jusqu'a Al Mahdi le dernier d'entre eux. Ils sont tous descendants les uns des autres depuis le 3eme Imam Hussain qui est le fils d'Ali et le petit fils du Prophète de l'Islam. Dans un contexte de guerre psychologique et de désinformation, les adeptes de la doctrine chiite devaient user de discrétion et de Taqiyya (précaution, dissimulation) pour éviter les persécutions venant des autorités en place. Cette situation devait perdurer tant qu'il y avait un Imam que le peuple puisse approcher pour lui demander au sujet de la religion, car il existait beaucoup de traditions prophétiques qui disait en des termes claire, que la gouvernance du monde musulman devait revenir à Ali et aux Imams de sa descendance jusqu'au Mahdi. Ainsi les Imams et leurs adeptes ont rencontré beaucoup de barbarie et de persécution de la part des autorités mais aussi de la population sunnite. Tous les Imams sauf le Mahdi sont mort en martyres, deux par l'épée et le reste par le poison... toutes ces morts avait des liens et des causes politiques.

Maintenant que le contexte est présenté, parlons du Mahdi le Programme-Programmeur de notre réalité unique. Bien qu'il existe plusieurs Programmes-Programmeurs, il n'existe que 12 Imams et 12 Mahdi dans toutes la Création. Comme nous l'avons vu dans le Livre 2 des arcanes du savoir universel et de la discussion, il existe un tournoi des consciences dans le Multivers entre les "Âmes matricielles" et leurs Élus. Une Âme matricielle est un Programme spécifique et un Élu est une créatures partageant l'Âme d'un Programme spécifiques et possédant un corps et des aptitudes.
Le Tout a une Histoire unique. Sur ce principe les Âmes matricielle ont elles aussi une histoire unique chacune, et la somme de leurs histoires forme la réalité unique dans laquelle evolue le Mahdi et les Êtres conscients individuels.
Cette Histoire unique met en lien la chronologie de l'Histoire en commençant par l'Ame universelle et les premières Âmes qu'elle a créée par séquençage, et pour finir par le Mahdi qui refait l'Histoire à l'envers. Avec le temps qu'il s'est écoulé entre les premières générations

universelle et les dernières, c'est en fait une nouvelle histoire qui s'écrit tout en étant la continuité de l'Histoire unique.

Pour des concepts de subordination ou d'insubordination à la Religion, l'Âme universelle déclare la guerre aux autres Âme matricielle et vice versa. Nous ne connaissons pas actuellement qu'elle est la trame derrière toute cette mise en scène, mis à part le fait que l'on avance tous vers le Jour du Jugement Dernier. Aussi nous pouvons être sur que chaque Âme matricielle possède son monde et qu'elle est capable d'envahir le monde d'une autre plus faible.
N'étant pas fait de matière, les Âmes matricielles scellent une grande partie de leur conscience dans leur Élu afin d'être en perpétuelle fusion jusqu'à être totalement partie intégrante de l'Elu. Ils se rendent plus fort mutuellement. Si ce n'etait pas ainsi, on pourrait craindre l'installation d'une anarchie car le Code (religion, lois) n'a personne pour le mettre en vigueur.

Al Mahdi est donc l'Élu de l'Âme universelle, ainsi il se tournera avec son armée celeste vers l'Espace. Les Anges, les Djinns et les Hommes font partie de son armée.

Afin que toute Âme connaisse la mort par la fin des cycles de réincarnations, Al Mahdi et son armée devront visiter tout l'Univers habitable, bien qu'ils aient tout le temps pour. Quand tous les cycles de réincarnation seront achevés, le Jour du Jugement sera proche.

Sourates

À lire avec une médiation car chaque sourates et ses Hadiths peuvent tracer une partie de l'historique de mes recherches et de leurs implications.

En matière de religion, il y a ceux qui cherche la lumière, ceux qui l'éteignent et l'entre deux qui ne sait rien à part des spéculations qu'il fait sur Allah.

Le discernement est un miroir parfait. Pourquoi des malheurs viennent-il de l'espoir tandis que la réussite n'est accordée qu'à un petit nombre. La masse vie de son espoir, le pieux est vivant dans son cercueil et le pauvre du vous-même a des richesses à la mesure de son estomac.
Qui est vivant pour dire qu'il a vue Dieu ? Celui qui le connait.

Ainsi connaissez-vous vous-même dans la réforme de Soi, et peut être que vous inviteriez Dieu sans savoir.

Le Bien et le Mal sont empiriques et Dieu est au bout du chemin… celui qui entame Sa quête de bien sera guider, et celui qui achève le mal sera attiré.

Aussi loin que l'on puisse se comparer, on ne sait rien. Alors qui peut dire qu'il est un Guide si ce n'est de la part de Dieu ?

En caractère gras ce sont des modifications d'interprétations et en rouge.

Sourate 58: Al Mujadalah - La discussion

Au nom d'Allah, le Tout Miséricordieux, le Très Miséricordieux.

1. Allah a bien entendu la parole de celle qui discutait avec toi à propos de son époux et se plaignait à Allah. Et Allah entendait votre conversation, car Allah est Audient et Clairvoyant.

2. Ceux d'entre vous qui répudient leurs femme, en déclarant qu'elles sont pour eux comme le dos de leur mères... alors qu'elles ne sont nullement leur mères, car ils n'ont pour mères que celles qui les ont enfantés. Ils prononcent certes une parole blâmable et mensongère. Allah cependant est Indulgent et Pardonneur. **(Ceux qui ne sont pas fidèle a leur femme dans la vieillesse)**

3. Ceux qui comparent leurs femmes au dos de leurs mères, puis reviennent sur ce qu'ils ont dit, doivent affranchir un esclave avant d'avoir aucun contact [conjugal] avec leur femme. C'est ce dont on vous exhorte. Et Allah est Parfaitement Connaisseur de ce que vous faites.

4. Mais celui qui n'en trouve pas les moyens doit jeûner alors deux mois consécutifs avant d'avoir aucun contact [conjugal] avec sa femme. Mais s'il ne peut le faire non plus, alors qu'il nourrisse soixante pauvres. Cela, pour que vous croyiez en Allah et en Son messager. Voilà les limites imposées par Allah. Et les mécréants auront un châtiment douloureux.

5. Ceux qui s'opposent à Allah et à Son messager seront culbutés comme furent culbutés leurs devanciers. Nous avons déjà fait descendre des preuves explicites **(Ali et les Imams)** et les mécréants auront un châtiment avilissant,

6. le jour où Allah les ressuscitera tous, puis les informera de ce qu'ils ont fait. Allah l'a dénombré et ils l'auront oublié. Allah est témoin de toute chose.

7. Ne vois-tu pas qu'Allah sait ce qui est dans les cieux et sur la terre? Pas de conversation secrète entre trois sans qu'Il ne soit leur quatrième, ni entre cinq sans qu'Il n'y ne soit leur sixième, ni moins ni plus que cela sans qu'Il ne soit avec eux, là où ils se trouvent **(car Il ecris l'Histoire)**. Ensuite, Il les informera, au Jour de la Résurrection, de ce qu'ils faisaient, car Allah est Omniscient.

8. Ne vois-tu pas ceux à qui les conversations secrètes ont été interdites **(les hypocrites)** ? Puis, ils retournent à ce qui leur a été interdit, et se concertent pour pécher, transgresser et désobéir au Messager. Et quand ils viennent à toi, ils te saluent d'une façon dont Allah ne t'a pas salué, et disent en eux-mêmes : "Pourquoi Allah ne nous châtie pas pour ce que nous disons?" L'Enfer leur suffira, où ils brûleront. Et quelle mauvaise destination!

9. Ô vous qui avez cru! Quand vous tenez des conversations secrètes, ne vous concertez pas pour pécher, transgresser et désobéir au Messager,

mais concertez-vous dans la bonté et la piété. Et craignez Allah vers qui vous serez rassemblés.

10. La conversation secrète n'est que [l'oeuvre] du Diable pour attrister ceux qui ont cru **(car l'on divulgue les secrets et les péchés).** Mais il ne peut leur nuire en rien sans la permission d'Allah. Et c'est en Allah que les croyants doivent placer leur confiance.

11. Ô vous qui avez cru! Quand on vous dit : "Faites place [aux autres] dans les assemblées", alors faites place **(car qui sait où est sa place sauf Allah ?).** Allah vous ménagera une place (au Paradis) Et quand on vous dit de vous lever, levez-vous **(et quand on vous pousse au bien, faites le),** Allah élèvera en degrés ceux d'entre vous qui auront cru et ceux qui auront reçu le savoir. Allah est parfaitement Connaisseur de ce que vous faites.

12. Ô vous qui avez cru! Quand vous avez un entretien confidentiel avec le Messager, faites précéder d'une aumône votre entretien : cela est meilleur pour vous et plus pur **(car qui donne en abondance ?** Mais si vous n'en trouvez pas les moyens alors Allah est Pardonneur et très Miséricordieux!

13. Appréhendez-vous de faire précéder d'aumônes votre entretien? Mais, si vous ne l'avez pas fait et qu'Allah a accueilli votre repentir, alors accomplissez la Salat, acquittez la Zakat, et obéissez à Allah et à Son messager. Allah est Parfaitement Connaisseur de ce que vous faites.

14. N'as-tu pas vu ceux **(les hommes)** qui ont pris pour alliées des gens **(les Djinns et les sorciers)** contre qui Allah S'est courroucé? Ils ne sont ni des vôtres, ni des leurs; et ils jurent mensongèrement, alors qu'ils savent

15. Allah leur a préparé un dur châtiment. Ce qu'ils faisaient alors était très mauvais.

16. Prenant leurs serments comme boucliers, ils obstruent le chemin d'Allah. Ils auront donc un châtiment avilissant.

17. Ni leurs bien, ni leurs enfants ne leur seront d'aucune utilité contre la [punition] d'Allah. Ce sont les gens du Feu où ils demeureront éternellement.

18. Le jour où Allah les ressuscitera tous, ils Lui jureront alors comme ils vous jurent à vous-mêmes, pensant s'appuyer sur quelque chose de solide **(l'argumentaire du sourd, aveugle et muet)**. Mais ce sont eux les menteurs.

19. Le Diable les a dominés et leur a fait oublier le rappel d'Allah. Ceux-là sont le parti du Diable et c'est le parti du Diable qui sont assurément les perdants.

20. Ceux qui s'opposent à Allah **(et qui nie l'Heure)** et à Son messager **(Muhammad)** seront parmi les plus humiliés.

21. Allah a prescrit : "Assurément, Je triompherai, moi ainsi que Mes Messagers". En vérité Allah est Fort et Puissant.
22. Tu n'en trouveras pas, parmi les gens qui croient en Allah et au Jour dernier, qui prennent pour amis ceux qui s'opposent à Allah et à Son Messager, fussent-ils leur pères, leur fils, leurs frères ou les gens de leur tribu. Il a prescrit la foi dans leurs coeurs et Il les a aidés de Son secours. Il les fera entrer dans des Jardins sous lesquels coulent les ruisseaux, où ils demeureront éternellement. Allah les agrée et ils L'agréent. Ceux-là sont le parti d'Allah. Le parti d'Allah est celui de ceux qui réussissent.

Sourate 34 Saba:

Au nom d'Allah, le Tout Miséricordieux, le Très Miséricordieux.

1. Louange à Allah à qui appartient tout ce qui est dans les cieux et tout ce qui est sur la terre. Et louange à Lui dans l'au-delà. Et c'est Lui le Sage, le Parfaitement Connaisseur.

2. Il sait qui pénètre en terre et qui en sort **(le vivant et le mort),** ce qui descend du ciel et ce qui y remonte **(les Âmes)**. Et c'est Lui le Miséricordieux, le Pardonneur.

3. Ceux qui ne croient pas disent : "L'Heure ne nous viendra pas" **(la Parousie)**. Dis : "Par mon Seigneur! Très certainement, elle vous viendra. [Mon Seigneur] le Connaisseur de l'Inconnaissable. Rien ne Lui échappe fût-il du poids d'un atome dans les cieux, comme sur la terre **(au Paradis et en Enfer)**. Et rien n'existe de plus petit ni de plus grand, qui ne soit inscrit dans un Livre explicite **(le livre des actions d'où la Table gardée)**.

4. afin qu'Il récompense ceux qui croient et accomplissent les bonnes oeuvres. Pour ceux-ci, il y aura un pardon et un don généreux.

5. Et ceux **(les Djinns)** qui s'efforcent de rendre vains Nos versets, ceux-là auront le châtiment d'un supplice douloureux.

6. Et ceux à qui le savoir a été donné voient qu'on t'a fait descendre de la part de ton Seigneur est la vérité qui guide au chemin du Tout Puissant, du Digne de Louange.

7. Et ceux qui ne croient pas dirent : "Voulez-vous que l'on vous montre un homme qui vous prédise que lorsque vous serez complètement désintégrés, vous reparaîtrez, sans nul doute, en une nouvelle création? **(La Réincarnation et la Résurrection)**

8. Invente-t-il un mensonge contre Allah? ou bien est-il fou?" [Non], mais ceux qui ne croient **(les Hommes et les Djinns)** pas en l'au-delà sont voués au châtiment et à l'égarement lointain.

9. Ne voient-ils donc pas ce qu'il y a comme ciel et comme terre devant et derrière eux? Si Nous voulions, Nous ferions que la terre les engloutisse, ou que des morceaux du ciel tombent sur eux. Il y a en cela une preuve pour tout serviteur repentant.

10. Nous avons certes accordé une grâce à David **(Muhammad)** de notre part. Ô montagnes **(Ô Esprits et Ames)** et oiseaux **(anges)**, répétez avec

lui (les louanges d'Allah). Et pour lui, Nous avons amolli le fer **(les coeurs).**

11. (en lui disant) : "Fabrique des cottes de mailles complètes et mesure bien les mailles" **(ecris des livre complet et mesure bien tes mots).** Et faites le bien. Je suis Clairvoyant sur ce que vous faites.

12. Et à Salomon **(à Muhammad)** (Nous avons assujetti) le vent **(le Chemin)**, dont le parcours du matin équivaut à un mois (de marche) et le parcours du soir, un mois aussi. Et pour lui nous avons fait couler la source de cuivre **(la source de contentement)**. Et parmi les djinns il y en a qui travaillaient sous ses ordres, par permission de son Seigneur. Quiconque d'entre eux, cependant, déviait de Notre ordre, Nous lui faisions goûter le châtiment de la fournaise.

13. Ils exécutaient pour lui ce qu'il voulait : sanctuaires, statues , plateaux comme des bassin et marmites bien ancrées. "Ô famille de David **(de Muhammad)**, oeuvrez par gratitude", alors qu'il y a peu de Mes serviteurs qui sont reconnaissants.

14. Puis, quand Nous décidâmes sa mort **(à Ali et quand il sera sortira de terre).**
il n'y eut pour les avertir de sa mort **(celle du Dajjal)** que "la bête de terre" **(la Bête sortit de la Terre)** , qui rongea sa canne **(qui marquera les fronts de gens)**. Puis lorsqu'il s'écroula **(le Dajjal)** il apparut de toute évidence aux djinns que s'ils savaient vraiment l'inconnu, ils ne seraient pas restés dans le supplice **(malédiction)** humiliant [de la servitude] **(au Dajjal et à sa religion)**.

15. Il y avait assurément, pour la tribu de Saba un Signe dans leurs habitats; deux jardin, l'un à droite et l'autre à gauche. "Mangez de ce que votre Seigneur vous a attribué, et soyez Lui reconnaissants : une bonne contrée et un Seigneur Pardonneur".**(le commerce du permis et de l'interdit par Dieu fais par les hommes et les Djinns).**

16. Mais ils se détournèrent **(Les hommes et les Djinns)** Nous déchaînâmes contre eux l'inondation du Barrage **(la terreur)**, et leur

changeâmes leurs deux jardins en deux jardins aux fruits amers, tamaris et quelques jujubiers **(les biens n'auront plus de valeur ce sera l'anarchie)**.

17. Ainsi les rétribuâmes Nous pour leur mécréance. Saurions-Nous sanctionner un autre que le mécréant?

18. Et Nous avions placé entre eux et les cités que Nous avions bénies, d'autres cités proéminentes, et Nous avions évalué les étapes de voyage entre elles. "Voyagez entre elles pendant des nuits et des jours, en sécurité" .**(Dieu fait fructifier les biens par la main du Mahdi).**

19. Puis ils dirent : "Seigneur, allonge les distances entre nos étapes", et ils se firent du tort à eux mêmes. Nous fîmes d'eux, donc, des sujets de légendes et les désintégrâmes totalement. Il y a en cela des avertissements pour tous grand endurant et grand reconnaissant. **(Il conquériront l'Est et l'Ouest du Multivers et même après leurs mort seront des thèmes de légendes).**

20. Et Satan a très certainement rendu véridique sa conjecture à leur égard. Ils l'ont suivi donc, sauf un groupe parmi les croyants.**(Au moment de la Parousie, ceux qui croyait renieront le Mahdi).**

21. Et pourtant il n'avait sur eux aucun pouvoir si ce n'est que Nous voulions distinguer celui qui croyait en l'au-delà et celui qui doutait. Ton Seigneur, cependant, assure la sauvegarde de toute chose.

22. Dis : "Invoquez ceux qu'en dehors d'Allah vous prétendez [être des divinités]. Ils ne possèdent même pas le poids d'un atome, ni dans les cieux ni sur la terre. Ils n'ont jamais été associés à leur création et Il n'a personne parmi eux pour Le soutenir".**(les démons et les anges mais aussi le Dajjal)**

23. L'intercession **(la Foi)** auprès de Lui ne profite qu'à celui qui en faveur duquel Il la permet. Quand ensuite la frayeur se sera éloignée de leurs coeurs, ils diront : "Qu'a dit votre Seigneur?" Ils répondront : "La Vérité; C'est Lui le Sublime, le Grand".

24. Dis : "Qui vous nourrit du ciel et de la terre?" **(Qui donne le savoir et la subsistance à tout les mondes).** Dis : "Allah. C'est nous ou bien vous qui sommes sur une bonne voie, ou dans un égarement manifeste".

25. Dis : "Vous ne serez pas interrogés sur les crimes que nous avons commis, et nous ne serons pas interrogés sur ce que vous faites".**(Le culte à un autre qu'Allah)**

26. Dis : "Notre Seigneur nous réunira, puis Il tranchera entre nous, avec la vérité, car c'est Lui le Grand Juge, l'Omniscient". **(La religion de Vérité sera distinguée avec Justice et Sagesse).**

27. Dis : "Montrez-moi ceux que vous Lui avez donnés comme associés. Eh bien, non! C'est plutôt Lui, Allah, le Puissant, le Sage".

28. Et Nous ne t'avons envoyé qu'en tant qu'annonciateur et avertisseur pour toute l'humanité. Mais la plupart des gens ne savent pas. **(Pour éloigner les gens du polythéisme envers les Djinns)**

29. Et ils disent : " A quand cette promesse, si vous êtes véridiques?".

30. Dis : "Le rendez-vous est pour un jour que vous ne saurez retarder d'une heure, ni avancer!".

31. Et ceux qui avaient mécru dirent : "Jamais nous ne croirons à ce Coran ni à ce qui l'a précédé". Et si tu pouvais voir quand les injustes seront debout devant leur Seigneur, se renvoyant la parole les uns aux autres! Ceux que l'on considérait comme faibles (les Homme de peu d'esprit) diront à ceux qui s'enorgueillissaient (les Djinns) : "Sans vous, nous aurions certes été croyants".

32. Ceux qui s'enorgueillissaient diront à ceux qu'ils considéraient comme faibles : "Est-ce nous qui vous avons repoussés de la bonne direction après qu'elle vous fut venue? Mais vous étiez plutôt des criminels".

33. Et ceux que l'on considérait comme faibles diront à ceux qui s'enorgueillissaient : "C'était votre stratagème, plutôt, nuit et jours, de nous commander de ne pas croire en Allah et de Lui donner des égaux". Et ils cacheront leur regret quand ils verront le châtiment. Nous placerons des carcans aux cous de ceux qui ont mécru : les rétribuerait-on autrement que selon ce qu'ils oeuvraient?"

34. Et Nous n'avons envoyé aucun avertisseur dans une cité sans que ses gens aisés n'aient dit : "Nous ne croyons pas au message avec lequel vous êtes envoyés".

35. Et ils dirent : "Nous avons d'avantage de richesses et d'enfants et nous ne serons pas châtiés".

36. Dis : "Mon Seigneur dispense avec largesse ou restreint Ses dons à qui Il veut. Mais la plupart des gens ne savent pas".**(le peuple qui cherche l'Imam du regard et non des preuves)**

37. Ni vos biens ni vos enfants ne vous rapprocherons à proximité de Nous. Sauf celui qui croit et oeuvre dans le bien. **(Ceux qui ne font pas l'Aumone et ceux qui l'a font).**Ceux-là auront une double récompense pour ce qu'ils oeuvraient, tandis qu'ils seront en sécurités, aux étages supérieurs (du Paradis).

38. Et quant à ceux qui s'efforcent à rendre Nos versets inefficients, ceux-là seront forcés de se présenter au châtiment. **(L'Alliance du Djinns et de l'Homme contre Dieu)**

39. Dis : "Mon Seigneur dispense avec largesse ou restreint Ses dons à ce qui Il veut parmi Ses serviteurs. Et toute dépense que vous faites [dans le bien], Il la remplace, et c'est Lui le Meilleur des donateurs". **(La filiation entre croyants).**

40. Et un jour Il les rassemblera tous. Puis Il dira aux Anges : "Est-ce vous que ces gens-là adoraient?".**(et quand il dira aux 2 Saints, aux Anges et aux demons)**

41. Ils diront : "Gloire à Toi! Tu es notre Allié en dehors d'eux. Ils adoraient plutôt les djinns, en qui la plupart d'entre eux croyaient.

42. Ce jour-là donc, vous n'aurez aucun moyen pour profiter ou nuire les uns aux autres, tandis que Nous dirons aux injustes : "Goûtez au châtiment du Feu que vous traitiez de mensonge".

43. Et quand Nos versets édifiants leur sont récités, ils disent : "Ce n'est là qu'un homme qui veut vous repousser de ce que vos ancêtres adoraient". Et ils disent : "Ceci (Le Coran) n'est qu'un mensonge inventé". Et ceux qui ne croient pas disent de la Vérité quand elle leur vient : "Ce n'est là qu'une magie évidente!".

44. [Pourtant] Nous ne leurs avons pas donné de livres à étudier**(les peuples du Passé)**. Et Nous ne leur avons envoyés avant toi aucun avertisseur.**(les peuples du Présent et du Futur)**

45. Ceux d'avant eux avaient [aussi] démenti (leurs messagers). [Les Mecquois] n'ont pas atteint le dixième de ce que Nous leur avons donné [en force **(et capacités)** et en richesse]. Ils traitaient Mes Messagers de menteurs. Et quelle réprobation fut la mienne!

46. Dis : "Je vous exhorte seulement à une chose : que pour Allah vous vous leviez, par deux ou isolément, et qu'ensuite vous réfléchissiez. Votre compagnon (Muhammad) n'est nullement possédé : il n'est pour vous qu'un avertisseur annonçant un dur châtiment".

47. Dis : "Ce que je vous demande comme salaire, c'est pour vous-mêmes. Car mon salaire n'incombe qu'à Allah. Il est Témoin de toute chose".

48. Dis : "Certes, mon Seigneur lance la Vérité, [à Ses messagers]. Il est Parfait Connaisseur des inconnaissables". **(Il amène les Âmes aux chemins).**

49. Dis : "La Vérité [l'Islam] est venue. Et le Faux [la mécréance] ne peut rien commencer ni renouveler".

50. Dis : "Si je m'égare, je ne m'égare qu'à mes dépens; tandis que si je me guide, alors c'est grâce à ce que Mon Seigneur me révèle, car Il est Audient et Proche".

51. Si tu voyais quand ils seront saisis de peur, - pas d'échappatoires pour eux, - et ils seront saisis de près!

52. Ils diront alors : "Nous croyons en lui ", - Mais comment atteindront-ils la foi de si loin?

53. alors qu'auparavant ils y avaient effectivement mécru et ils offensent l'inconnu **(Dieu)** à partir d'un endroit éloignés !
54. On les empêchera d'atteindre ce qu'ils désirent, comme cela fut fait auparavant avec leurs semblables, car ils se trouvaient dans un doute profond.**(les ancêtres des Djinns).**

Sourate 41 - Fussilat (les versets détaillés)

Au nom d'Allah, le Tout Miséricordieux, le Très Miséricordieux.

1. Ha, Mim .

2. [C'est] une Révélation descendue de la part du Tout Miséricordieux, du Très Miséricordieux.

3. Un Livre dont les versets sont détaillés (et clairement exposés), un Coran [lecture] arabe pour des gens qui savent,

4. annonciateur [d'une bonne nouvelle] **(de l'Heure)**et avertisseur **(de l'Heure)**. Mais la plupart d'entre eux se détournent; c'est qu'ils n'entendent pas.

5. Et ils diront : "Nos coeurs sont voilés contre ce à quoi tu nous appelles, nos oreilles sont sourdes. Et entre nous et toi, il y a une cloison, Agis donc de ton côté; nous agissons du notre".

6. Dis : "Je ne suis qu'un homme comme vous. Il m'a été révélé que votre Dieu est un Dieu unique. Cherchez le droit chemin vers Lui et implorez Son pardon". Et malheur aux Associateurs

7. qui n'acquittent pas la Zakat et ne croient pas en l'au-delà!

8. Ceux qui croient et accomplissent de bonnes oeuvres auront une énorme récompense jamais interrompue.

9. Dis : "Renierez-vous [l'existence] de celui qui a créé la terre en deux jours, et Lui donnerez-vous des égaux? Tel est le Seigneur de l'univers,

10. C'est Lui qui fermement fixé des montagnes au-dessus d'elle, l'a bénie, et lui assigna ses ressources alimentaires en quatre jours d'égale durée. [Telle est la réponse] à ceux qui t'interrogent.

11. Il S'est ensuite adressé au ciel qui était alors fumée et lui dit, ainsi qu'à la terre : "Venez tous deux, bon gré, mal gré". Tous deux dirent : "Nous venons obéissants".

12. Il décréta d'en faire sept cieux en deux jours et révéla à chaque ciel sa fonction . Et Nous avons décoré le ciel le plus proche de lampes [étoiles] et l'avons protégé. Tel est l'Ordre établi par le Puissant, l'Omniscient.

13. S'ils s'en détournent, alors dis-leur; "Je vous ai avertis d'une foudre semblable à celle qui frappa les Aad et les Tamud".

14. Quand les Messagers leur étaient venus, de devant eux et par derrière , [leur disant]: "N'adorez qu'Allah", ils dirent : "Si notre Seigneur avait voulu, Il aurait certainement fait descendre des Anges. Nous ne croyons donc pas a [au message] avec lequel vous avez été envoyés".

15. Quant aux Aad, ils s'enflèrent d'orgueil sur terre injustement, et dirent : "Qui est plus fort que nous?" Quoi! N'ont-ils pas vu qu'en vérité Allah qui les a créés est plus fort qu'eux? Et ils reniaient Nos signes.

16. Nous déchaînâmes contre eux un vent violent et glacial en des jours néfastes, afin de leur faire goûter le châtiment de l'ignominie dans la vie présente. Le châtiment de l'au-delà cependant est plus ignominieux encore, et ils ne seront pas secourus.

17. Et quant aux Tamud, Nous les guidâmes; mais ils ont préféré l'aveuglement à la guidée. C'est alors qu'ils furent saisis par la foudre du supplice le plus humiliant pour ce qu'ils avaient acquis.

18. Et Nous sauvâmes ceux qui croyaient et craignaient Allah.

19. Et le jour où les ennemis d'Allah seront rassemblés en masse vers le Feu... Puis on les poussera [dans sa direction].

20. Alors, quant ils y seront, leur ouïe, leurs yeux et leurs peaux témoigneront contre eux de ce qu'ils oeuvraient.

21. Ils diront à leur peaux : "Pourquoi avez-vous témoigné contre nous?" Elles diront : "C'est Allah qui nous a fait parler, Lui qui fait parler toute chose. C'est Lui qui vous a créés une première fois et c'est vers Lui que vous serez retournés".

22. Vous ne pouvez vous cacher au point que ni votre ouïe, ni vos yeux et ni vos peaux ne puissent témoigner contre vous. Mais vous pensiez qu'Allah ne savait pas beaucoup de ce que vous faisiez.

23. Et c'est cette pensée que vous **(les comploteurs)** avez eue de votre Seigneur, qui vous a ruinés, de sorte que vous êtes devenus du nombre des perdants.

24. S'ils endurent, le Feu sera leur lieu de séjour; et s'ils cherchent à s'excuser, ils ne seront pas excusés.

25. Et Nous leur avons destiné des compagnons inséparables **(Parasites/Hackers)** [des démons] qui leur ont enjolivé ce qui était devant et derrière eux . Et le décret s'est avéré juste contre eux, comme contre

les autres communautés de djinns et d'hommes qui ont vécu avant eux. Ils sont certes perdants!

26. Et ceux qui avaient mécru dirent : "Ne prêtez pas l'oreille à ce Coran, et faites du chahut (pendant sa récitation) afin d'avoir le dessus".**(répandez une parole contraire)**

27. Nous ferons certes, goûter à ceux qui ne croient pas un dur châtiment, et les rétribuerons certes [d'une punition] pire que ce [que méritent] leurs méfaits **(l'enfer éternel)**.

28. Ainsi, la rétribution des ennemis d'Allah sera le Feu où ils auront une demeure éternelle, comme punition pour avoir nié Nos versets [le Coran].

29. Et les mécréants diront : "Seigneur, fais-nous voir ceux des djinns et des humains qui nous ont égarés, afin que nous les placions tous sous nos pieds, pour qu'ils soient parmi les plus bas".

30. Ceux qui disent : "Notre Seigneur est Allah", et qui se tiennent dans le droit chemin, les Anges descendent sur eux . "N'ayez pas peur et ne soyez pas affligés; mais ayez la bonne nouvelle du Paradis qui vous était promis.

31. Nous somme vos protecteurs dans la vie présente et dans l'au-delà; et vous y aurez ce que vos âmes désireront et ce que vous réclamerez,

32. un lieu d'accueil de la part d'un Très Grand Pardonneur, d'un Très Miséricordieux".

33. Et qui profère plus belles paroles que celui qui appelle à Allah, fait bonne oeuvre et dit : "Je suis du nombre des Musulmans?"

34. La bonne action et la mauvaise ne sont pas pareilles. Repousse (le mal) par ce qui est meilleur; et voilà que celui avec qui tu avais une animosité devient tel un ami chaleureux.

35. Mais (ce privilège) n'est donné qu'à ceux qui endurent et il n'est donné qu'au possesseur d'une grâce infinie.

36. Et si jamais le Diable t'incite (à agir autrement), alors cherche refuge auprès Allah; c'est Lui, vraiment l'Audient, l'Omniscient.

37. Parmi Ses merveilles, sont la nuit et le jour, le soleil et la lune : ne vous prosternez ni devant le soleil, ni devant la lune, mais prosternez-vous devant Allah qui les a créés, si c'est Lui que vous adorez .

38. Mais s'ils s'enflent d'orgueil... ceux qui sont auprès de ton Seigneur [les Anges] Le glorifient, nuit et jour, sans jamais se lasser!
39. Et parmi Ses merveilles est que tu vois la terre humiliée (toute nue). Puis aussitôt que Nous faisons descendre l'eau sur elle, elle se soulève et augmente [de volume]. Celui qui lui redonne la vie est certes Celui qui fera revivre les morts, car Il est Omnipotent.

40. Ceux qui dénaturent le sens de Nos versets (le Coran) ne Nous échappent pas. Celui qui sera jeté au Feu sera-t-il meilleur que celui qui viendra en toute sécurité le Jour de la Résurrection? Faites ce que vous voulez car Il est Clairvoyant sur tout ce que vous faites;

41. Ceux qui ne croient pas au Rappel [le Coran] quand il leur parvient... alors que c'est un Livre puissant [inattaquable];

42. Le faux ne l'atteint [d'aucune part], ni par devant ni par derrière : c'est une révélation émanant d'un Sage, Digne de louange.

43. Il ne t'est dit que ce qui a été dit aux Messagers avant toi. Ton Seigneur est certes, Détenteur du pardon et Détenteur aussi d'une punition douloureuse.

44. Si Nous en avions fait un Coran en une langue autre que l'arabe, ils auraient dit : "Pourquoi ses versets n'ont-ils pas été exposés clairement? quoi? Un [Coran] non-arabe et [un Messager] arabe?" Dis : "pour ceux qui croient, il est une guidée et une guérison". Et quant à ceux qui ne croient

pas, il est une surdité dans leurs oreilles et ils sont frappés aveuglement en ce qui le concerne; ceux-là sont appelés d'un endroit lointain.

45. Nous avons effectivement donné à Moïse le Livre **(La révélation a Muhammad).** Puis, il y eut controverse là-dessus **(la Wilaya).** Et si ce n'était une parole préalable de ton Seigneur, on aurait certainement tranché entre eux. Ils sont vraiment, à son sujet, dans un doute troublant.

46. Quiconque **(croit)** fait une bonne oeuvre, c'est pour son bien. Et quiconque **(mécroit)** fait le mal, il le fait à ses dépens. Ton Seigneur, cependant, n'est point injuste envers les serviteurs.

47. A Lui revient la connaissance de l'Heure. Aucun fruit ne sort de son enveloppe, aucune femelle ne conçoit ni ne met bas sans qu'Il n'en ait connaissance. Et le jour où Il les appellera : "Où sont Mes associés?", ils diront : "Nous Te déclarons qu'il n'y a point de témoin parmi nous" !

48. Et ce qu'auparavant ils invoquaient les délaissera **(quand tout sera jugé)**; et ils réaliseront qu'ils n'ont point d'échappatoire.

49. L'homme ne se lasse pas d'implorer le bien. Si le mal le touche, le voilà désespéré, désemparé.

50. Et si nous lui faisons goûter une miséricorde de Notre part, après qu'une détresse l'ait touché, il dit certainement : "Cela m'est dû! Et je ne pense pas que l'Heure se lèvera [un jour]. Et si je suis ramené vers mon Seigneur, je trouverai, près de Lui, la plus belle part". Nous informerons ceux qui ont mécru de ce qu'ils ont fait et Nous leur ferons sûrement goûter à un dur châtiment.

51. Quand Nous comblons de bienfaits l'homme, il s'esquive et s'éloigne. Et quand un malheur le touche, il se livre alors à une longue prière.

52. Dis : "Voyez-vous? Si ceci (le Coran) émane d'Allah et qu'ensuite vous le reniez; qui se trouvera plus égaré que celui qui s'éloigne dans la dissidence?"

53. Nous leur montrerons Nos signes dans l'univers et en eux-mêmes, jusqu'à ce qu'il leur devienne évident que c'est cela (le Coran), la Vérité. Ne suffit-il pas que ton Seigneur soit témoin de toute-chose?

54. Ils sont dans le doute, n'est-ce pas, au sujet de la rencontre de leur Seigneur? C'est Lui certes qui embrasse toute chose (par Sa Science et Sa Puissance).

Sourate 42 - Achoura - la Consultation

Au nom d'Allah, le Tout Miséricordieux, le Très Miséricordieux.

1. Ha, Mim .

2. Ain, Sin, Qaf.

3. C'est ainsi qu'Allah, le Puissant, le Sage, te fait des révélations, comme à ceux qui ont vécu avant toi.

4. A Lui appartient ce qui est dans les cieux et ce qui est sur la terre. Et Il est le Sublime, le Très Grand,

5. Peu s'en faut que les cieux ne se fendent depuis leur faîte quand les anges glorifient leur Seigneur, célèbrent Ses louanges et implorent le pardon pour ceux qui sont sur la terre. Allah est certes le Pardonneur, le Très Miséricordieux.

6. Et quant à ceux qui prennent des protecteurs en dehors de Lui, Allah veille à ce qu'ils font. Et tu n'es pas pour eux un garant.

7. Et c'est ainsi que Nous t'avons révélé un Coran arabe, afin que tu avertisses la Mère des cités (la Mecque) et ses alentours et que tu avertisses du jour du rassemblement, - sur lequel il n'y a pas de doute - Un groupe au Paradis et un groupe dans la fournaise ardente.

8. Et si Allah avait voulu, Il en aurait fait une seule communauté. Mais il fait entrer qui Il veut dans Sa miséricorde. Et les injustes n'auront ni maître, ni secoureur.

9. Ont-ils pris des maîtres en dehors de Lui ? C'est Allah qui est le seul Maître et c'est Lui qui redonne la vie aux morts; et c'est Lui qui est Omnipotent.

10. Sur toutes vos divergences, le jugement appartient à Allah. Tel est Allah mon Seigneur; en Lui je place ma confiance et c'est à Lui que je retourne [repentant].

11. ...Créateur des cieux et de la terre. Il vous a donné des épouses [issues] de vous-même et des bestiaux par couples; par ce moyen Il vous multiplie. Il n'y a rien qui Lui ressemble; et c'est Lui l'Audient, le Clairvoyant.

12. Il possède les clefs [des trésors] des cieux et de la terre. Il attribue Ses dons avec largesse, ou les restreint à qui Il veut. Certes, Il est Omniscient.

13. Il vous a légiféré en matière de religion, ce qu'Il avait enjoint à Noé, ce que Nous t'avons révélé, ainsi que ce que Nous avons enjoint à Abraham, à Moïse et à Jésus : "établissez la religion; et n'en faites pas un sujet de division". Ce à quoi tu appelles les associateurs leur parait énorme. Allah élit et rapproche de Lui qui Il veut et guide vers Lui celui qui se repent.

14. Ils ne se sont divisés qu'après avoir reçu la science et ceci par rivalité entre eux. Et si ce n'était une parole préalable de ton Seigneur pour un terme fixé, on aurait certainement tranché entre eux . Ceux à qui le Livre a été donné en héritage après eux sont vraiment à son sujet, dans un doute troublant.

15. Appelle donc (les gens) à cela; reste droit comme il t'a été commandé; ne suis pas leurs passions; et dis : "Je crois en tout ce qu'Allah a fait descendre comme Livre, et il m'a été commandé d'être équitable entre vous. Allah est notre Seigneur et votre Seigneur. A nous nos oeuvres et

à vous vos oeuvres. Aucun argument [ne peut trancher] entre nous et vous. Allah nous regroupera tous. Et vers Lui est la destination" .

16. Et ceux qui discutent au sujet d'Allah, après qu'il a été répondu à [Son appel], leur argumentation est auprès d'Allah sans valeur. Une colère tombera sur eux et ils auront un dur châtiment.

17. C'est Allah qui a fait descendre le Livre en toute vérité, ainsi que la balance. Et qu'en sais-tu? Peut-être que l'Heure est proche?

18. Ceux qui n'y croient pas cherchent à la hâter; tandis que ceux qui croient en sont craintifs et savent qu'elle est la pure vérité. Et ceux qui discutent à propos de l'Heure sont dans un égarement lointain.

19. Allah est doux envers Ses serviteurs. Il attribue [Ses biens] à qui Il veut. Et c'est Lui le Fort, le Puissant.

20. Quiconque désire labourer [le champ] de la vie future, Nous augmenterons pour lui son labour. Quiconque désire labourer [le champ] de la présence vie, Nous lui en accorderons de [ses jouissances]; mais il n'aura pas de part dans l'au-delà.

21. Ou bien auraient-ils des associés [à Allah] qui auraient établi pour eux des lois religieuses qu'Allah n'a jamais permises? Or, si l'arrêt décisif n'avait pas été prononcé, il aurait été tranché entre eux. Les injustes auront certes un châtiment douloureux.

22. Tu verras les injustes épouvantés par ce qu'ils ont fait, et le châtiment s'abattra sur eux (inéluctablement). Et ceux qui croient et accomplissent les bonnes oeuvres, seront dans les sites fleuris des jardins, ayant ce qu'ils voudront auprès de leur Seigneur. Telle est la grande grâce!

23. Telle est la [bonne nouvelle] qu'Allah annonce à ceux des Ses serviteurs qui croient et accomplissent les bonnes oeuvres! Dis : "Je ne vous en demande aucun salaire si ce n'est l'affection eu égard à [nos liens] de parenté". Et quiconque accomplit une bonne action, Nous

répondons par [une récompense] plus belle encore. Allah est certes Pardonneur et Reconnaissant.

24. Ou bien ils disent il a inventé un mensonge contre Allah. Or, si Allah voulait, Il scellerait ton coeur. Par Ses Paroles cependant, Allah efface le faux et confirme le vrai. Il connaît parfaitement le contenu des poitrines.

25. Et c'est Lui qui agrée de Ses serviteurs le repentir, pardonne les méfaits et sait ce que vous faites.

26. et exauce [les voeux] de ceux qui croient et accomplissent les bonnes oeuvres et leur accroît Sa faveur, tandis que les mécréants ont un dur châtiment.

27. Si Allah attribuait Ses dons avec largesse à [tous] Ses serviteurs, ils commettraient des abus sur la terre; mais, Il fait descendre avec mesure ce qu'Il veut. Il connaît parfaitement Ses serviteurs et en est Clairvoyant.

28. Et c'est Lui qui fait descendre la pluie après qu'on en a désespéré, et répand Sa miséricorde. Et c'est Lui le Maître, le Digne de louange.

29. Parmi Ses Preuves est la création des cieux et de la terre et des êtres vivants qu'Il y a disséminés. Il a en outre le pouvoir de les réunir quand Il voudra.

30. Tout malheur qui vous atteint est dû à ce que vos mains ont acquis. Et Il pardonne beaucoup.

31. Vous ne pouvez pas échapper à la puissance d'Allah sur la terre; et vous n'avez en dehors d'Allah, ni maître ni défenseur.

32. Et parmi Ses preuves, sont les vaisseaux à travers la mer, semblables à des montagnes.

33. S'Il veut, Il calme le vent, et les voilà qui restent immobiles à sa surface. Ce sont certainement là des preuves pour tout [homme] endurant et reconnaissant.

34. Ou bien, Il les détruit en punition de ce qu'ils ont acquis [comme péchés]. Cependant, Il pardonne beaucoup.

35. Ceux qui disputent à propos de Nos preuves savent bien qu'ils n'ont pas d'échappatoire.

36. Tout ce qui vous a été donné [comme bien] n'est que jouissance de la vie présente; mais ce qui est auprès d'Allah est meilleur et plus durable pour ceux qui ont cru et qui placent leur confiance en leur Seigneur,

37. qui évitent [de commettre] des péchés les plus graves ainsi que les turpitudes, et qui pardonnent après s'être mis en colère,

38. qui répondent à l'appel de leur Seigneur, accomplissent la Salat, se consultent entre eux à propos de leurs affaires, dépensent de ce que Nous leur attribuons,

39. et qui, atteints par l'injustice, ripostent.

40. La sanction d'une mauvaise action est une mauvaise action [une peine] identique . Mais quiconque pardonne et réforme, son salaire incombe à Allah. Il n'aime point les injustes!

41. Quant à ceux qui ripostent après avoir été lésés, ceux-là pas de voie (recours légal) contre eux;

42. Il n'y a de voie [de recours] que contre ceux qui lèsent les gens et commettent des abus, contrairement au droit, sur la terre : ceux-là auront un châtiment douloureux.

43. Et celui qui endure et pardonne, cela en vérité, fait partie des bonnes dispositions et de la résolution dans les affaires.

44. Et quiconque Allah égare n'a aucun protecteur après Lui. Cependant, tu verras les injustes dire, en voyant le châtiment : "Y a-t-il un moyen de retourner [sur terre]?"

45. Et tu les verras exposés devant l'Enfer, confondus dans l'avilissement, et regardant d'un oeil furtif, tandis que ceux qui ont cru diront : "Les perdants sont certes, ceux qui au Jour de la Résurrection font leur propre perte et celle de leurs familles **(descendants)**". Les injustes subiront certes un châtiment permanent.

46. Il n'auront pas de protecteur en dehors d'Allah pour les secourir et quiconque Allah égare n'a plus aucune voie.

47. Répondez à l'appel de votre Seigneur avant que ne vienne un jour dont Allah ne reportera jamais le terme. Ce jour-là, nul refuge pour vous et vous ne pourrez point nier (vos péchés).

48. S'ils se détournent,... Nous ne t'avons pas envoyé pour assurer leur sauvegarde : tu n'es chargé que de transmettre [le message]. Et lorsque Nous faisons goûter à l'homme une miséricorde venant de Nous, il en exulte; mais si un malheur les atteint pour ce que leurs mains ont perpétré..., l'homme est alors très ingrat!

49. A Allah appartient la royauté des cieux et de la terre. Il crée ce qu'Il veut. Il fait don de filles à qui Il veut, et don de garçons à qui Il veut,

50. ou bien Il donne à la fois garçons et filles; et Il rend stérile qui Il veut. Il est certes Omniscient et Omnipotent.

51. Il n'a pas été donné à un mortel qu'Allah lui parle autrement que par révélation, ou de derrière un voile, ou qu'Il [lui] envoie un messager (Ange) qui révèle, par Sa permission, ce qu'Il [Allah] veut. Il est Sublime et Sage.

52. Et c'est ainsi que Nous t'avons révélé un esprit [le Coran] provenant de Notre ordre. Tu n'avait aucune connaissance du Livre ni de la foi; mais Nous en avons fait une lumière par laquelle Nous guidons qui Nous voulons parmi Nos serviteurs. Et en vérité tu guides vers un chemin droit,

53. le chemin d'Allah à Qui appartient ce qui est dans les cieux et ce qui est sur la terre. Oui c'est à Allah que s'acheminent les choses.

Commentaire de l'auteur par des juxtapositions d'autres hadiths du livre Kitab Al Ghayba du cheick Nomani.

Jâbir a établi plus haut une identité entre la connaissance (‘ilm) et la signification (ma‘nâ). Celle-ci ressortit à sa vision propre de la noétique, toute imprégnée de néoplatonisme et de gnose. L'intellect humain, affirme-t-il, est une substance simple, immatérielle, telle une pure lumière. Il est capable en puissance de saisir tous les universaux contenus dans l'Intellect Universel et l'Ame Universelle. L'homme terrestre peut parvenir à ce type de connaissance dans une sorte d'illumination désignée comme ‘ilm. Cette forme de connaissance est distinguée de la ma‘rifa, connaissance partielle attachée à la matérialité des choses particulières, et simple étape dans l'acquisition du ‘ilm (Abû Rîda, 1984 : 52 sq). On comprend que le langage du bayân s'attache ici au sens, dans ce qu'il a d'universel.

L'Imam Sadiq (as) a déclaré: "Allah, le haut, créa quatorze lumières 14000 mille ans avant de créer la création. Ils sont nos esprits. " On lui a demandé: "O fils du Messager d'Allah, qui sont les quatorze?" Il a déclaré: " Muhammad, Ali, Fatima, Hasan, Husain et les Imams de la descendance de Husain (A.). Leur dernier est la Qaim qui se lèvera après son occultation et qui va tuer le Dajjal et nettoyera la Terre de chaque oppression et injustice. "

Ici le Prophète Muhammad nous parle de l'existence des 14 Immaculés dans un Univers de concepts-moteurs à la base de notre réalité.

Le Saint-Prophète Mohammad (As) a dit : Le Mahdi fait partie de nous les Membres purifiés de la Maison (Les 14 Immaculés). Allah l'armera* durant la nuit.

Ce hadith a deux façons d'etre traité. Premièrement le Mahdi est conscient de son statut et il est délivré de l'attente de sa Parousie.

Ou bien deuxièmement il est initiés a un savoir caché complété par sa Parousie.

Le Prince des Croyants (as) a dit: «Il est apparu avec le vêtement de la sagesse et il l'a saisie avec tous ses protocoles par inclination vers elle et la connaissance envers celle-ci et son dévouement. Pour lui, la sagesse est sa marchandise perdue qu'il cherche, et c'est son souhait pour lequel il aspire. Il ira loin à un moment où l'islam disparaît comme une faible feuilles de chameau tout en battant le bout de sa queue et traînant son cou sur la terre. Il est l'héritier des héritiers des hujah et un vice-gerant des vice-gerant de ses apôtres. "

Quand l'imam Ali nous indique que le Mahdi veut retrouver sa sagesse, cela implique qu'il est au courant de son identité sans avoir sa connaissance d'infallible.

L'Imam Ali (As) Prince des Croyants dit à son fils Hossein (As) : le neuvième de tes enfants 0 Hossein est le Résurrecteur de la Vérité, et il apparaîtra par la Religion. Il instaura la Justice, alors que Mohammad (As) a été envoyé pour la Prophétie, il (le Mahdi As) sera envoyé pour parfaire toutes les prophéties. Mais après son occultation, il y aura le désarroi. Il ne restera dans sa religion que ceux dont la loyauté et la dévotion émanent de l'esprit divin qui prend sa source dans le pacte. "

J'ai dit à Imam Muhammad Baqir (A.S.), "Parlez-moi du Qaim." Il a dit: «Par Allah, il n'est ni moi, ni celui vers qui votre cou penche. Sa naissance ne sera pas connue. " "Quelle est sa conduite ?" J'ai demandé. Il a dit: "Il agira selon ce que le messager d'Allah (S.A.W.S.) a agi, invalidant le passé et allant vers le futur."

Sermon de l'Imam Ali

"structures d'Iram et habiteront avec eux les Midlands d'al-Zaytūn. «Je prête un serment solennel par l'âme qui a divisé la graine et créé les nations, cela arrivera. Comme si j'entendais le hennissement de leurs chevaux. Par Allah, tous les trésors entre leurs mains après leur ascension et leur puissance dans les terres se dissoudront comme la graisse fond dans le feu. Celui d'entre eux mourra, mourra païen et celui d'entre eux qui restera sera finalement amené à Dieu, l'Exalté. Et Allah, le Très-Haut, pardonnera à quiconque se repent. Peut-être qu'Allah apportera..."

«Je prête un serment solennel par l'âme qui a divisé la graine et créé les nations, cela arrivera. Comme si j'entendais le hennissement de leurs chevaux. Par Allah, tous les trésors entre leurs mains après leur ascension et leur puissance dans les terres se dissoudront comme la graisse fond dans le feu...

Dans ces hadiths, l'imam Ali prête sement par l'Âme d'Allah "qui a divisé la graine et créé les nations" comme c'est écris dans le Coran. On sait dans le Tawhid (l'unicité d'Allah) qu'aucune chose n'est comme Allah et qu'il a créé les Cieux et la Terre sans modèle et sans fatigue. On sait aussi qu'il ne partage aucune correspondance avec sa Création, c'est-à-dire qu'il est Unique dans son essence. Il ne peut donc pas avoir une Âme a priori.

Alors pourquoi prétendre qu'Allah a une Âme? Et qu'est-ce-que cela implique?

Il prétend qu'Allah a une Âme car sur le principe qu'il soit une "Chose" (le terme vient de l'Imam Sadiq) nommé, il devient une Entité palpable par la dénomination et est donc cloisonné dans une Matrice de conscience en expansion à mesure de sa propre conscience de lui-même du fait qu'Il est du Divin.
Allah possède plusieurs Noms et attributs, ainsi donc son Verbe est un Dieu avec Dieu. Dieu n'existe pas dans la réalité de manière à le cerner, il est bien trop savant. Cette séparation entre l'Âme universelle et Allah se fait par un moyen qui est sa Volonté. Ainsi c'est sur un Temps quasi-nul qu'Il a tout créé et agencé, mais dans notre sphère d'existence sa Volonté peut changer d'où le terme chiite de Bada.

Son Verbe est à la fois son Âme universelle et son Esprit universel (qui est le Code invariable et unique). Mais avec la pluralité des consciences, et l'existence du mensonge envers Dieu, ce Verbe est un filtre ou plutôt une Loi. Mais aussi le Verbe est une Porte de connaissances qui prend vie dans notre monde par une connexion avec l'Âme universelle. Je dis Porte car elle est matérielle, son expression est un Homme.

1 Au commencement était la Parole1; et la Parole était auprès de Dieu; et la Parole était Dieu. — 1 ou: le Verbe.
2 Elle1 était au commencement auprès de Dieu. — 1 ou: Il (le Verbe).
3 Toutes choses furent faites par elle, et sans elle pas une seule chose ne fut faite de ce qui a été fait.
4 En elle était [la] vie, et la vie était la lumière des hommes1. — 1 ou: la lumière des hommes était la vie.
5 Et la lumière luit dans les ténèbres; et les ténèbres ne l'ont pas comprise.

Certaines traductions échangent le mot Parole par Verbe ce qui revient au même.

Page 48 Usul al kafi.
Sâdiq as]; un groupe de ses amis se trouvaient en sa présence. On parla de l'intelligence et de l'ignorance, quand [l'Imâm] Abi Abdéllâh [as] annonça: "Reconnaissez donc l'intelligence et son armée [ses disciples], tout comme ·[vous reconnaîtrez] l'ignorance et son armée [ses disciples] pour être guidés!" Samâ'ah [qui se trouvait dans l'audience] déclara: "Que je donne ma vie pour vous! Nous ne savons rien, excepté pour ce que vous nous enseignez!" L'Imâm répondit alors: "Allah, à Lui la Puissance et la Majesté, créa l'Intelligence [la Raison]-qui fut la toute première création parmi les créations spirituelles 1 -de Sa Propre Lumière qui se trouvait à la droite de Son Trône et lui dit: "Va ... !" et Elle s'en fut [et en obéissant, Elle prit existence en ce monde-ci]. TI Lui ordonna ensuite: "Viens tout près." Et Elle obéit, en s'approchant [d'Allah]. Allah le Béni, l'Exalté annonça alors: "Je t'ai créée dans toute ta gloire, et Je t'honore et t'accorde la supériorité sur toutes Mes autres créatures!" Allah Omnipotent créa ensuite l'Ignorance d'une mer [océan] dont l'eau était amère, et La créa de l'obscurité et des Ténèbres et Lui ordonna: "Va!" et l'Ignorance s'en fut [et prit existence dans ce monde-ci]. Il Lui ordonna alors: "Viens tout près ... " (à Lui et dans l'Au-delà]; mais l'Ignorance

n'obéit guère à cette Commande. Allah Lui dit alors:" Tu es [bien] vaniteuse." et Il La maudit alors. Après cela, Allah accorda soixante-dix troupes à l'Intelligence. L'Ignorance témoigna de la Générosité et de la Libéralité d'Allah envers l'Intelligence et devint rancunière envers Elle et déclara alors: "ô Seigneur! L'Intelligence est une créature comme moi; or, Tu La créas et L'honoras [grandement]; Tu Lui accordas aussi une grande force avec une armée de capacités [diverses et différentes] ... Et moi, je suis exactement Son opposée! Et je ne possède guère une force devant Elle [pour rivaliser avec Elle]; ainsi donc, Accorde-moi des troupes [des capacités diverses et différentes] comme celles que Tu accordas à l'Intelligence!" Allah Omnipotent accepta et répondit: "Très bien, mais si après cela, tu me désobéis [et me défies], Je te retirerais, toi et tes troupes, du champ de Ma Miséricorde et de Ma Grâce." L'Ignorance répondit: "Très bien ... " Allah Lui offrit donc à Elle aussi, soixante-dix troupes. Voici les soixante-dix troupes de l'Intelligence qui se tiendront devant les soixante-dix troupes de l'Ignorance:

Dans ce hadith on nous rapporte la création de la Raison et de l'Ignorance... ce n'est pas que des créations subjectives des capacités cognitives d'un être conscient, c'est aussi la manifestation de l'Esprit d'Allah pour sa Création.
Je cite dans le hadith:

Elle s'en fut [et en obéissant, Elle prit existence en ce monde-ci].

Cet Esprit de Dieu a pris conscience de lui-même par ses attributs de Raison lumineuse, d'ailleurs tout comme l'ignorance qui possède lui aussi des attributs de Raison ténébreuse.

Dans la Bible, la Genèse

1 Au commencement Dieu1 créa les cieux et la terre. — 1 hébreu: Élohim, (pluriel d'Éloah, le Dieu suprême), la Déité, dans le sens absolu.

2 Et la terre était sans forme et vide1, et il y avait des ténèbres sur la face de l'abîme. Et l'Esprit de Dieu planait sur la face des eaux. — 1 le vide.

3 Et Dieu dit: Que la lumière soit. Et la lumière fut. 4 Et Dieu vit la lumière, qu'elle était bonne; et Dieu sépara la lumière d'avec les ténèbres. 5 Et Dieu appela la lumière Jour; et les ténèbres, il les appela Nuit. Et il y eut soir, et il y eut matin — premier1 jour. — 1 ou: un.

On retrouve ce clivage pour la Lumière et les Ténèbres et cette primauté dans la création des Êtres.

Dans la Bible

1Pourquoi ce tumulte parmi les nations, Ces vaines pensées parmi les peuples?
2Pourquoi les rois de la terre se soulèvent-ils Et les princes se liguent-ils avec eux Contre l'Eternel et contre son oint?
3Brisons leurs liens, Délivrons-nous de leurs chaînes!
4Celui qui siège dans les cieux rit, Le Seigneur se moque d'eux.
5Puis il leur parle dans sa colère, Il les épouvante dans sa fureur:
6C'est moi qui ai oint mon roi Sur Sion, ma montagne sainte!
7Je publierai le décret; L'Eternel m'a dit: Tu es mon fils! Je t'ai engendré aujourd'hui.
8Demande-moi et je te donnerai les nations pour héritage, Les extrémités de la terre pour possession;
9Tu les briseras avec une verge de fer, Tu les briseras comme le vase d'un potier.
10Et maintenant, rois, conduisez-vous avec sagesse! Juges de la terre, recevez instruction!
11Servez l'Eternel avec crainte, Et réjouissez-vous avec tremblement.
12Baisez le fils, de peur qu'il ne s'irrite, Et que vous ne périssiez dans votre voie, Car sa colère est prompte à s'enflammer. Heureux tous ceux qui se confient en lui!

Dans les évangiles

Et je vis le ciel ouvert; et voici un cheval blanc, et celui qui est assis dessus [appelé] Fidèle et Véritable; et il juge et combat en justice.

12 Et ses yeux sont [comme] une flamme de feu; et sur sa tête il y a de nombreux diadèmes; [et] il porte un nom écrit que personne ne connaît que lui seul;
13 et il est vêtu d'un vêtement trempé de sang; et son nom s'appelle: «La Parole de Dieu»;
14 et les armées qui sont dans le ciel le suivaient sur des chevaux blancs, vêtues de fin lin, blanc et pur;
15 et une épée aiguë [à deux tranchants] sort de sa bouche, afin qu'il en frappe les nations; et lui les fera paître avec un sceptre de fer, et lui foule la cuve du vin de la fureur de la colère de Dieu le Tout-puissant;
16 et il a sur son vêtement et sur sa cuisse un nom écrit: «Roi des rois, et Seigneur des seigneurs.'

Je suis d'avis de penser selon un raisonnement personnel et logique toujours selon moi... qu'Iblis et les falsificateurs, modifient les textes de manières soit a changer le sens, soit a changer la symbolique et vice versa, comme il fut fait toujours... ainsi donc quand il est cité Fils de Dieu, on parle de la première conscience qui devait prendre vie plus tard en tant que sauveur et épreuve pour la création...comme cela à toujours été prophétisé par les Prophètes d'Israël (as) et Muhammad (sawas)..

Bien que modifié en partie, les évangiles apporte beaucoup de savoir sur le Mahdi par les enseignements de Issa (as).

15 Ce Fils, il est l'image du Dieu que nul ne voit, il est le Premier-né de toute création.

16 Car c'est en lui qu'ont été créées toutes choses dans les cieux comme sur la terre, les visibles, les invisibles, les Trônes et les Seigneuries, les Autorités, les Puissances. C'est par lui et pour lui que Dieu a tout créé.

17 Il est lui-même bien avant toutes choses et tout subsiste en lui.

18 Il est lui-même la tête de son corps qui est l'Eglise. Ce Fils est le commencement, le Premier-né de tous ceux qui sont morts, afin qu'en toutes choses il ait le premier rang.

19 Car c'est en lui que Dieu a désiré que toute plénitude ait sa demeure.

20 Et c'est par lui qu'il a voulu réconcilier avec lui-même l'univers tout entier : ce qui est sur la terre et ce qui est au ciel, en instaurant la paix par le sang que son Fils a versé sur la croix.

Selon mon analyse, Issa (as) disait du Mahdi (as) qu'il est le fils de Dieu et la pierre de l'angle en PARABOLE... mais Iblis avec le temps et la transmission du message, a déformé le message lui même. C'est-à-dire qu'il a échangé Issa (as) et le Mahdi (as) dans les prophéties et les attributs.
Et c'est donc pour ça qu'il est dit dans le Coran.

5 : 116 - (Rappelle-leur) le moment où Dieu dira: "Ô Jésus, fils de Marie, est-ce toi qui as dit aux gens: "Prenez-moi, ainsi que ma mère, pour deux divinités en dehors de Dieu?" Il dira: "Gloire et pureté à Toi! Il ne m'appartient pas de déclarer ce que je n'ai pas le droit de dire! Si je l'avais dit, Tu l'aurais su, certes. Tu sais ce qu'il y a en moi, et je ne sais pas ce qu'il y a en Toi. Tu es, en vérité, le grand connaisseur de tout ce qui est inconnu.

Il n'existe aucune créature assez organisé et intelligente pour inventer le Judaïsme et le Christianisme en créant des dogmes en partant de zero... ce sont des déformations calculées.

Abu Abdullah asSadiq (psl) avait dit en parlant de ce verset du Coran : [Allah a promis à ceux d'entre vous qui ont cru et fait les bonnes œuvres qu'Il leur donnerait la succession sur terre comme Il l'a donnée à ceux qui les ont précédés. Il donnerait force et suprématie à leur religion qu'Il a agréée pour eux. Il leur changerait leur ancienne peur en sécurité. Ils M'adorent et ne M'associent rien et celui qui mécroit par la suite, ce sont ceux-là les pervers] (Qu'ran : 24;55). « Cela a été révélé au sujet d'Al-Qaïm et de ses compagnons ». Source : Hilyatul Abrar, vol.2 p.595, al-Mahajja p.148, Biharul Anwar, vol.51 p.58, Yanabee'ul Mawadda p.425, Muntakhab al-Athar p.161, 294, Mo'jam Ahadeeth al-Imam al-Mahdi, vol.5 p.282.

Ici le Qaïm est au sens le plus large, l'appel de la raison en nous meme sur les deux Voies du Bien et du Mal, ainsi cette action du Bien et du Mal, fait par Sélection Empirique, génère les bons et les mauvais.

"Allah a promis à ceux d'entre vous qui ont cru et fait les bonnes œuvres...".

Allah dit croire avant d'avoir. Le Tawhid avant l'espoir. Vivre d'espoir c'est être sur sa passion, ainsi de faux espoirs qui naissent du mysticisme religieux détruisent les bienfait venant de Dieu.

« Nous étions avec l'Imam ar-Redha (psl) à Marw. Nous avons rencontré nos compagnons à la mosquée le vendredi. Ils ont discuté de la question de l'Imam. Ils ont mentionné à quel point ils étaient en désaccord à ce sujet. Je suis venu voir mon maître Imam ar-Redha (psl) et je lui ai raconté ce que j'avais entendu. Il sourit et répondit : « O Abdul Aziz, le peuple a été trompé par ses opinions. Allah n'a pas fait mourir Son messager avant qu'Il n'ait perfectionné la religion et révélé le Coran pour tout expliquer en détail, les choses permises et inadmissibles, les jugements et les peines et tout ce dont les gens peuvent avoir besoin dans leur vie. Allah a dit : [Nous n'avons rien négligé dans le Livre] (Qu'ran : 6;38) et Il a fait descendre à Son messager dans le dernier hadj ce verset :[Aujourd'hui, j'ai perfectionné pour vous votre religion, j'ai accompli ma faveur envers vous et je vous ai choisi l'Islam comme religion] (Qu'ran : 5;3). Définitivement, l'affaire de l'Imamat vient de la religion et celle ci n'est pas parfaite sans elle. Le Prophète, avant de partir vers le monde meilleur, a déclaré à son Oumma les principes de leur religion et leur a montré le droit chemin et la vérité claire. Il leur a nommé Ali comme Imam. Il n'a rien laissé de coté et ce dont l'Oumma aurait besoin. Alors quiconque prétend qu'Allah n'a pas perfectionné Sa religion nie le Livre d'Allah et donc il devient incroyant.
Connaissent-ils l'importance de l'Imamat et sa position par rapport à la Oumma pour qu'ils déterminent à leur guise ?
L'Imam est beaucoup plus important, plus haut placé et plus profond que ce que son propre esprit perçoit et ne peut être réfuté par ses

propres opinions ou de nommer lui-même l'Imam en fonction de ses caprices. L'Imam est une position divine qu'Allah a favorisée à Abraham [Ibrahim] après la prophétie, puis Il l'a honoré d'une troisième compagnie. Allah a dit : [Je vais faire de toi un exemple à suivre pour les gens] (Qu'ran : 2;124). Abraham a dit avec délice : [Et parmi ma descendance?] (Qu'ran : 2;124). Alors Allah a dit : [Mon engagement, dit Allah, ne s'applique pas aux injustes] (Qu'ran : 2;124) Ce verset a donc annulé tout Imamat aux injustes jusqu'au jour de la Résurrection et l'a limité à ceux qu'Allah a choisi. Le choix est la descendance d'Abraham qu'Allah a honorée et préférée à tous les êtres humains. Allah a dit : [Et Nous lui donnâmes Isaac et, de surcroît Jacob, desquels Nous fîmes des gens de bien. Nous les fîmes des dirigeants qui guidaient par Notre ordre. Et Nous leur révélâmes de faire le bien, d'accomplir la prière et d'acquitter la Zakāt. Et ils étaient Nos adorateurs] (Qu'ran :
21;72-73). Cela est resté dans la descendance d'Abraham, hérité l'un après l'autre et âge après âge jusqu'à ce que cela soit hérité par le prophète Mohammed (psl). Allah a dit : [Certes les hommes les plus dignes de se réclamer d'Abraham, sont ceux qui l'ont suivi, ainsi que ce Prophète-ci, et ceux qui ont la foi] (Qu'ran : 3;68). Puis le Prophète a confié à Ali selon l'ordre d'Allah et ensuite cela a été hérité par la descendance pure d'Ali, à qui Allah a accordé la foi, la connaissance et la sagesse. [tandis que ceux à qui le savoir et la foi furent donnés diront: «Vous avez demeuré d'après le Décret d'Allah, jusqu'au Jour de la Résurrection] (Qu'ran : 30;56). L'imamat a été limité à la progéniture d'Ali jusqu'au jour de la Résurrection, car il n'y a pas de prophète après Mohammed (psl). Alors comment ces ignorants peuvent-ils choisir l'imam ? L'imamat est le rang des prophètes et l'héritage de leurs gardiens. L'Imamat est le califat d'Allah et Son messager et c'est la position d'Amirul Mo'minin Ali (psl) et l'héritage d'al-Hasan et alHusayn (psl). L'imamat représente les rênes de la religion, le système qui gère les affaires des musulmans, la bonté de vie et l'honneur des croyants. L'imamat est la base progressiste de l'Islam. Avec les prières de l'Imam, la zakat, le jeûne, le hajj, le jihad, la finance, les œuvres de bienfaisance, les jugements, les pénalités et la protection des frontières deviennent parfaits. L'imam permet ce qu'Allah a permis et interdit ce qu'Allah

a interdit. Il défend la religion d'Allah, exécute Ses châtiments et invite sur le chemin de son Seigneur avec sagesse, juste exhortation et avec des preuves évidentes. Un imam est le soleil brillant qui répand sa lumière dans le monde entier alors qu'il est dans le ciel où ni les mains ni les yeux ne peuvent lui nuire. Un imam est une lune lumineuse, une lampe brillante, une lumière brillante et une étoile qui guide dans les nuits sombres, dans l'obscurité des déserts et en haute mer. Un imam est comme de l'eau pure pour les assoiffés. Il est la lumière qui conduit à la direction et il est le sauveur qui sauve de la perdition. Un imam est comme un feu sur une colline. Il est chaleureux pour ceux qui veulent se réchauffer et c'est un signe de guidance pour les perdus. Celui qui s'en détourne périra. Un imam est comme les nuages qui pleuvent, comme le soleil qui brille, comme le ciel ombragé, comme un sol plat, comme une fontaine qui coule, comme un ruisseau et un jardin. Un imam est comme un compagnon proche, un père aimable, un bon frère et une mère miséricordieuse pour son enfant. C'est un lieu de villégiature sûr pour les gens en cas de catastrophe. Un imam est le dépositaire d'Allah parmi Son peuple, Son autorité sur eux, Son calife sur Sa terre, l'avocat de Sa mission et le défenseur de Ses sanctuaires. Un imam est purifié des péchés, exempt de défauts, inspiré par la connaissance et doué de discernement. Il est l'ordre de la religion, la dignité des musulmans, la rage des hypocrites et la ruine des incroyants. Un imam est le seul de son époque. Il est incomparable et n'a ni semblable ni substitut. Il est doté de toutes les vertus donné par le Donneur Exalté. Qui, alors, peut savoir ce qu'est un imam pour le choisir ? Les esprits s'embrouillent, les sages s'égarent, les gens perspicaces s'abstiennent, les orateurs échouent, les intelligents ignorent, les poètes se fatiguent, les hommes de lettres s'affaissent et les gens éloquents hésitent à décrire un des aspects ou vertus de l'imam. Comment peut-on dire qu'il est tout ? Comment reconnaître son essence ? Peut-on comprendre quelque chose de ses affaires ? Quelqu'un peut le remplacer ? Certainement pas ! Il est comme une étoile pour ceux qui le percoivent ! Alors comment peuvent-ils choisir l'imam avec leurs caprices ou comment les esprits peuvent-ils le déterminer ? Il y en a un autre comme ça ? Pensez-vous que cela soit disponible parmi d'autres que la progéniture du Prophète ? Par Allah, leurs esprits les ont trompés et leurs fausses fantaisies les ont trompés et ils se sont mis dans une position très élevée, d'où leurs pieds glisseront jusqu'au plus bas fond.Ils veulent nommer l'imam avec des esprits confus ou inactifs et des pensées déviantes ; par conséquent, ils s'éloignent trop de lui (l'imam). Ils attendent avec impatience des choses inaccessibles, disent des choses fausses et s'égarent trop loin, puis ils tombent dans la confusion quand ils se détournent sciemment de l'imam et quand Satan leur a incrusté leurs mauvaises actions pour les détourner du droit chemin. Ils se détournent du choix d'Allah, de Son messager et d'Ahl ul Bayt et s'accrochent à leur propre choix alors qu'Allah a dit : [Il n'appartient pas à un croyant ou à une croyante, une fois qu'Allah et Son messager ont décidé d'une chose d'avoir encore le choix dans leur façon d'agir. Et quiconque désobéit à Allah et à Son messager, s'est égaré certes, d'un égarement évident] (Qu'ran : 33;36). Et : [Qu'avez-vous? Comment jugez-vous? Ou bien avez-vous un Livre dans lequel vous apprenez qu'en vérité vous obtiendrez tout ce que vous désirez? Ou bien est-ce que vous avez obtenu de Nous des serments valables jusqu'au Jour de la Résurrection, Nous engageant à vous donner ce que vous décidez? Demande -leur qui d'entre eux en est garant? Ou encore, est-ce qu'ils ont des associés? Eh bien, qu'ils fassent venir leurs associés s'ils sont véridiques!] (Qu'ran : 68;36-41). Et : [Ne méditent-ils pas sur le Coran? Ou y a-t-il des cadenas sur leurs cœurs?] (Qu'ran : 47;24) ou : [Leurs cœurs ont été scellés et ils ne comprennent rien] (Qu'ran : 9;87) ou : [Et ne soyez pas comme ceux qui disent: «Nous avons entendu», alors qu'ils n'entendent pas. Les pires des bêtes auprès d'Allah, sont, [en vérité], les sourds-muets qui ne raisonnent pas. Et si Allah avait reconnu en eux quelque bien, Il aurait fait qu'ils entendent] (Qu'ran : 8;21-23) ou : [Ils dirent: «Nous avons écouté et désobéi»] (Qu'ran : 2;93) mais : [Telle est la grâce de Dieu qu'Il donne à qui Il veut] (Qu'ran : 57;21) Comment peuvent-ils choisir l'imam ? Un imam est un savant qui n'ignore pas et un gardien qui n'a pas tort. Il est l'essence de la sainteté, de la pureté, de l'ascèse, de la connaissance et du culte. Il est nommé par le Prophète par révélation. Il est issu de la descendance de la Batool pur (Fatima az Zahra). Il n'y a aucun défaut dans sa lignée et personne n'est comparable à lui parmi tous les Quraychs. Il est le sommet des Hashimites, le successeur du Prophète et le plaisir d'Allah. C'est le plus honorable de tous. Il a une connaissance parfaite et un discernement incisif. Il entreprend l'imamat avec dévouement. Il est conscient de la politique. Il est obéi. Il exécute les ordres d'Allah, dirige les gens vers leur bien-être et garde la religion d'Allah. Allah accorde aux prophètes et aux imams Sa connaissance et Sa sagesse qu'Il n'accorde à personne d'autre qu'eux. C'est pourquoi leur connaissance est supérieure à celle des gens de tous les temps. Allah dit : [Dis: «C'est Allah qui guide vers la vérité. Celui qui guide vers la vérité est-il plus digne d'être suivi, ou bien celui qui ne se dirige qu'autant qu'il est lui-même dirigé? Qu'avez-vous donc? Comment jugez-vous ainsi?»] (Qu'ran : 10;35) et : [Et celui à qui la sagesse est donnée, vraiment, c'est un bien immense qui lui est donné] (Qu'ran : 2;269). Et il dit au sujet de Talout : [«Allah, vraiment l'a élu sur vous, et a accru sa part quant au savoir et à la condition physique.» - Et Allah alloue Son pouvoir à qui Il veut] (Qu'ran : 2;247). Et Il dit à Son messager Mohammed : [Allah a fait descendre sur toi le Livre et la Sagesse, et t'a enseigné ce que tu ne savais pas. Et la grâce d'Allah sur toi est immense] (Qu'ran : 4;113). Allah dit des imams infaillibles de la progéniture de Son prophète : [Envient- ils aux gens ce qu'Allah leur a donné de par Sa grâce? Or, Nous avons donné à la famille d'Abraham le Livre et la Sagesse; et Nous leur avons donné un immense royaume. Certains d'entre eux ont cru en lui, d'autres d'entre eux s'en sont écartés. L'Enfer leur suffira comme f lamme (pour y brûler)] (Qu'ran : 4;54-55). Si Allah choisit quelqu'un pour diriger les affaires de Son peuple, Il réjouira son cœur d'être prêt à cela, de lui accorder la sagesse et de lui inspirer la connaissance et il ne manquera jamais de répondre à toute question. Allah l'aide et le rend infaillible afin qu'il ne tombe jamais dans l'erreur, la faute ou l'erreur. Allah lui accorde tout cela pour être Son autorité sur Son peuple. [Telle est lagrâce de Dieu qu'Il donne à qui Il veut. Et Dieuest le Détenteur de l'énorme grâce] (Qu'ran : 57;21). Après tout, peuvent-ils être aptes à choisir un tel imam ? Leur imam élu peut-il posséder toutes ces vertus qu'Allah a accordées aux imams qu'Il a choisis ? Par la maison d'Allah, ils ont transgressé la vérité et tourné le dos au Livre saint d'Allah. Ce dernier est un remède et guide, mais ils l'ont négligé et ont suivi leurs fantaisies ; c'est pourquoi Allah les a chassés, les a haïs et les a rendus misérables. Allah a dit : [Et qui est plus égaré que celui qui suit sa passion sans une guidée d'Allah? Allah vraiment, ne guide pas les gens injustes] (Qu'ran : 28;50) et : [Et quant à ceux qui ont mécru, il y aura un malheur pour eux, et Il rendra leurs œuvres vaines] (Qu'ran : 47;8) et : [[leur action] est grandement haïssable auprès d'Allah et auprès de ceux qui croient. Ainsi Allah scellet-Il le cœur de tout orgueilleux tyran] (Qu'ran : 40;35). Source : Kamal ad-Deen p.675, Ma'ani al-Akhbar p.96, Oyoon Akhbar ar-Redha p.216, al-Amaly by as-Sadooq p.536, Yanabee'ul Ma'ajiz 329.

Qu'on fait les Hommes pour meriter la déchéance de leurs propres mains? N'est ce pas la nation? En vérité les nations passent par des cycles de clonages toute *les générations sachant que le peuple s'égare.*

Dieu a créé les deux Voies par des noms d'hommes et par cela on a tous un Guide par effet d'empirisme. La Destiné est gravé par Dieu qui Administre une Voie et une direction pour la Destiné. Je suis ce que je sais, je suis ce que j'ai… Qui attire le mal comme le soleil brille? C'est le peuple de Vérité devant l'oppression. Mais qu'ont-il à ne pas pardonner alors qu'ils possèdent la richesse des mondes, le cœur d'un homme. Sur chaque direction des grades et de l'excellence, sachant que l'expérience se bonifie et que l'excellence se remarque par l'intellect. Sachant que la réflexion est vaincue par la mémorisation, il se crée dans le cœur de l'Homme le prisme du Bien, et le prisme du Mal. Les maux de l'Âme individuelle cherchent la cohésion dans une routine où il ne font que jouer ou désespérer… sans jamais espérer un changement de paradigme social.
Les fantasmes de l'Être supérieur depuis les ages ont fait de tuer l'ego, et on s'associe a des faibles d'esprit ou bien la religion donne les reines du pouvoir au mensonge.

« Abu Abdullah as-Sadiq (psl) a dit : « Il agira comme le Prophète l'a fait. Il annulera tout ce qui a été établi avant lui comme le Prophète a annulé tout ce qui a été établi à l'époque pré islamique.

Il reprendra l'Islam à nouveau ». Source : Ithbat al-Hudat, vol.3 p.539, Hilyatul Abrar, vol.2 p.627, Biharul Anwar, vol.52 p.352, Muntakhab al-Athar p. 305, Mo'jam Ahadeeth al-Imam al-Mahdi, vol.4 p.51.

« Une fois, Abu Ja'far al-Baqir (psl) a été interrogé sur l'interprétation du verset du Coran : [Nous leur montrerons Nos signes dans l'univers et en euxmêmes, jusqu'à ce qu'il leur devienne évident que c'est cela, la vérité] (Qu'ran : 41;53). Cela signifie l'apparition d'Al-Qaïm, qui est la vérité qu'Allah fera inévitablement voir à Son peuple ». Source : Ithbat al-Hudat, vol.3 p.737, al-Mahajja p.188, Tafseer al-Burhan, vol.4 p.114

Une fois Amirul Mo'minin (psl) regarda son fils al-Hussayn (psl) et a dit : « Mon fils est un maître. Le Prophète l'a appelé ainsi. Allah fera apparaître l'un des descendants d'al-Hussayn, dont le nom sera semblable au nom du Prophète et qui ressemblera au Prophète tant physiquement que moralement, pendant que les gens seront en état d'alerte, que la vérité sera suspendue et que l'oppression sera partout. Les habitants du ciel et les gens de la terre seront heureux de son avènement. C'est un homme au front brillant, au nez crochu, au grand abdomen, aux cuisses larges avec un grain de beauté à la cuisse droite et aux dents avant écartés. Il remplira le monde de justice après avoir été rempli d'injustice et d'oppression ». Source : Fitan ibn Hammad, vol.1 p.374, Sunan of Abu Dawood, vol.4 p.108, Jami' al-Usool, vol.11 p.49, Mukhtasar of Abu Dawood, vol.6 p.162, Iqd ad-Durar p.23, 24, 31, 38, Mishkat al-Masabeeh, vol.3 p.26, Muqaddima of Ibn Khaldoon p.248, Asna al-Matalib p.130, Orf as-Sayooti, vol2 p.59, ad-Durr al-Manthoor, vol.6 p.58, Jam' al-Jawami', vol.2 p.35, Kanzul Ommal, vol.13 p.647, al-Ghayba by at-Toossi p.188, 189, Omda of ibn Batreeq p.434, at-Tara'if, vol.1 p.177, al-Malahim wel Fitan by Ibn Tawoos p.144.

Abu Ja'far al-Baqir (psl) avait dit : « O Shia de la progéniture de Muhammad, tu vas être testé comme le khôl dans l'œil. On sait quand on met le khôl dans l'œil mais on ne sait pas quand il en sort. De la même façon que l'on croit en notre affaire le matin et que l'on se rétracte le soir, ou que l'on y croit le soir et que l'on se rétracte le matin quand celui ci vient ». Source : Biharul Anwar, vol.52 p.101.

« Une fois, je suis allé chez Abu Ja'far al-Baqir (psl) et il y avait des gens avec lui. Pendant qu'on parlait, il s'est tourné vers nous et nous a dit : « De quoi parlez vous ? Ce que vous attendez avec impatience, ne le sera pas tant que vous n'aurez pas été testé. Ce que vous attendez avec impatience, ne le sera pas tant que vous n'aurez pas été clarifié. Ce que vous attendez avec impatience ne le sera pas tant que vous n'aurez pas été passé au crible. Ce que vous attendez avec impatience, ne le sera qu'après le désespoir. Ce que vous attendez avec impatience, ce ne sera pas avant que celui qui doit être malheureux devienne malheureux et que celui qui doit être heureux devienne heureux ».Source : Al-Kafi, vol.1 p.370, Kamal ad-Deen p.346, al-Ghayba by at-Toossi p.335, Ithbat al-Hudat, vol.3 p.10, Biharul Anwar, vol.52 p.111, 112, Bisharatul Islam p.96, Muntakhab al-Athar p.314, Mo'jam Ahadeeth al-Imam al-Mahdi, vol. 3 p.216.

« J'entendis al-Hussein bin Ali (psl) dire : « La chose à laquelle vous vous attendez n'arrivera qu'à un moment où vous vous renierez, où vous vous cracherez dessus, où vous vous déclarerez incrédules les uns les autres et vous vous maudirez l'un l'autre ». Je lui ai dis : « Il n'y aura aucun bien à cette époque ». Il a dit : « Toute la bonté sera en ce temps-là. Notre Qa'im s'élèvera et supprimera tout cela ». Source : Al-Ghayba by at-Toossi p.437, al-Khara'ij wel Jara'ih, vol.3 p.1153, Iqd ad-Durar p.63, Muntakhab al-Anwar al- Mudhee'a p.30, Ithbat al-Hudat, vol.3 p.726, Biharul Anwar, vol.52 p.211, Bisharatul Islam p.81, 82, Muntakhab alAthar p.426, Mo'jam Ahadeeth al-Imam al-Mahdi, vol.3 p.170.

Dans ce hadith, l'Imam Hussein parle spécifiquement des chiites qui vont se disputer a l'époque du Mahdi sur la Parousie. Certain suivrons le Mahdi avant son soulèvement et d'autre s'écartèront à ce moment-là.

Abu Abdullah as-Sadiq a dit : « Cette question (l'apparition d'Al-Qaïm) ne se posera qu'au moment où vous vous cracherez dessus, vous

vous maudirez et vous vous traiterez de menteurs ». Source : Biharul Anwar, vol.52 p.134.

« J'entendis l'Imam Ali) (psl) réciter : [Alif, Lām, Mīm. Est-ce que les gens pensent qu'on les laissera dire: «Nous croyons!» sans les éprouver?] (Qu'ran: 29;1-2). Puis l'Imam a demandé : « Qu'est-ce que la sédition ? ». J'ai dis : « Que je sois sacrifié pour vous ! Nous pensons que la sédition est dans la religion ». Il a dit : « Les gens seront triés et purifiés comme l'or ». Source : Biharul Anwar, vol.52 p.115.

Abu Ja'far al-Baqir a dit : « Votre discours dégoûte le cœur des hommes. Dites-leur vigoureusement. Dites-en plus à celui qui l'accepte et laissez de côté celui qui le nie. Il doit y avoir une sédition, par laquelle les compagnons, la famille et même ceux qui coupent un cheveu en deux (qui sont si stricts et précis), tombent jusqu'à ce que personne ne reste sauf nous et nos sincères chiites (disciples) ». Source : Biharul Anwar, vol.52 p.115.

Abu Abdullah as-Sadiq (psl) et lui a dit : « Que je meure pour toi ! Par Allah, je vous aime et j'aime quiconque vous aime. Ô mon maître, nombreux sont tes chiites ! ». Abu Abdullah as-Sadiq (psl) a dit : «Pouvez vous me les mentionner ? ». L'homme a dit : « Ils sont trop nombreux ». Il (psl) a dit : « Pouvez vous les compter ? ». L'homme a dit : « Ils sont bien trop pour être comptés ». Abu Abdullah as-Sadiq (psl) a dit : « Si le nombre parvient à trois cent et un peu plus, alors ce que vous voulez arrivera. Nos chiites sont ceux dont la voix ne dépasse pas leurs oreilles, dont leur zèle ne dépasse pas leur corps, ils ne nous louent pas ouvertement, ne se disputent avec personne à cause de nous, ne s'assoient pas avec ceux qui nous critique, ni ne parle à personne qui nous maltraite, ni n'aime celui qui nous déteste et ne déteste pas celui qui nous aime ». L'homme a dit : « Alors comment traitons-nous ces différents groupes, qui se font passer pour des chiites ? ». Il (psl) a dit : « Ils seront éprouvés, purifiés et distingués. Des années passeront, ils se perdront, une épée les tuera et un désaccord les dispersera. Nos vrais chiites sont ceux qui ne grognent pas comme un chien, ne convoitent pas comme un corbeau et ne demandent pas l'aumône même s'ils meurent de faim ». L'homme a dit : « Que je meure pour toi ! Où puis-je trouver ce genre de personnes ?». Il a dit : « Vous pouvez les trouver dans les coins les plus reculés du monde. Ce sont ceux dont la vie est simple, dont les demeures se déplacent d'un endroit à l'autre. Si ils sont vus, ils ne seront pas connus, si ils sont absents, ils ne seront pas manqués, si ils tombent malades, ils ne seront pas visités, si ils sont proposés à une femme, ils ne seront pas mariés et si ils meurent, leurs funérailles ne seront pas honorées. Ce sont eux, qui se partagent leur argent, qui se rendent visite dans leurs tombes et qui ne sont jamais en désaccord, même si leurs pays sont différents ». Source : Biharul Anwar, vol.68 p.164, Mo'jam Ahadeeth al-Imam al-Mahdi, vol.4 p.10.

Ici on peut comprendre que le Chiisme des contemporains de cette époque sera connu sur toute la surface de la planète. Mais aussi que pratiquer l'Islam chiite ne sera pas une source de bienfais terrestres mais plutôt une source de difficultés.

« Le maître de cette affaire (Al-Qaïm) ressemble au prophète Joseph et sa mère est une servante noire. Allah le fera réussir en une nuit ». Source : Biharul Anwar, vol.51 p.41, Muntakhab al-Athar p.300, Mo'jam Ahadeeth al-Imam al-Mahdi, vol.3 p.239.

Muhammad bin Hammam raconté d'Abu Abdullah bin Ja'far al-Himyari d'Ahmad bin Hilal de Muhammad bin Abu Omayr de Sa'eed bin Ghazwan d'Abu Baseer d'Abu Abdullah comme Sadiq de ses pères que le prophète avait dit : « Allah le Tout-Puissant a choisi une chose parmi toutes les choses. Il a choisi La Mecque de la terre, la mosquée de La Mecque comme lieu où se trouve la Kaaba de la mosquée. Il a choisi les femelles parmi le bétail et la brebis parmi les moutons. Il a choisi le vendredi parmi les jours, le Ramadan parmi les mois et la nuit de prédestination parmi les nuits. Il a choisi les Hashimites parmi les peuples, il m'a choisi moi et Ali parmi les Hashimites, il a choisi al-Hassan et al-Hussain parmi moi et Ali, puis il a complété les douze imams de la progéniture d'al-Hussain. Le neuvième d'entre eux est le caché et l'apparent et le meilleur d'entre eux. C'est l'imam attendu ». Le même récit a été rapporté par Muhammad bin Hammam et Muhammad bin alHasan bin Muhammad bin Jumhoor d'al-Hasan bin Muhammad bin Jumhoor ,d'Ahmad bin Hilal de Muhammad bin Abu Omayr de Sa'eed bin Ghazwan de l'Imam Abu Abdullah as-Sadiq

Puis il a ajouté: « Sachez que le monde ne sera pas jamais exempt d'une autorité (Hujjah) d'Allah, mais Celui ci le rendra invisible pour les gens en raison de leur injustice, de l'oppression et de la démesure dans la désobéissance. Si le monde reste sans autorité (d'Allah) pendant une heure, il coulera avec son peuple. L'Autorité connaît les gens, mais ils ne le savent pas. Il est comme le prophète Joseph, qui connaissait les gens mais que les gens renièrent. [Hélas pour les esclaves [les humains]! Jamais il ne leur vient de messager sans qu'ils ne s'en raillent] (Qu'ran :36;30)

Autre part dans le hadith

Par le dieu d'Ali, leur autorité (al-Hujjah) restera sur la Oummah, entrant dans ses maisons et palais, errant à l'est et à l'ouest, entendant le discours, saluant des groupes de personnes et observant sans être vu jusqu'au moment promis et du rendez-vous déterminé et vient ensuite l'appel du ciel : « C'est le jour qui apporte de la joie aux descendants d'Ali et aux chiites d'Ali ».Source : Biharul Anwar, vol.28 p.70, Awalim al-Uloom, vol.3 p.304, Mo'jam Ahadeeth al-Imam al-Mahdi, vol.3 p.73.

« Le jour de la Résurrection, les êtres humains seront ressuscités dans quatre catégories : les cavaliers, les gens qui marchent, les gens qui rampent, les personnes sourdes, muettes et aveugles, qui ne comprennent pas, à qui on ne parle pas et à qui on ne permet pas de s'excuser. Ceux-là sont ceux dont le feu brûlera leurs visages, et ils seront dans une grande détresse ». On lui a dit : « Ô Ka'b, qui sont ces gens, dans quel état seront- ils ? ». Il a dit : « Ce sont ceux qui ont continué la déviation, l'apostasie et la rupture de l'hommage. Le maléfice est dans leurs âmes lorsqu'ils rencontreront Allah avec le péché pour avoir combattu le calife et le gardien de leur prophète, leur jurisconsulte le plus conscient, leur maître le plus vertueux, le porteur du drapeau, le gardien de la fontaine, l'espoir, la connaissance jamais ignorée, le droit chemin, dont celui qui s'en écartera périra dans le Feu. C'est Ali, par le dieu de Ka'b, qui en est le plus conscient, l'aîné en paix (Islam) et le plus averti de tous. Parmi les descendants d'Ali se trouve al-Qa'im al-Mahdi, qui changera le monde en un autre paradigme et par lequel Jésus-Christ (psl) plaidera contre les chrétiens de Rome et de Chine. Al-Qa'im al-Mahdi est le plus semblable à Jésus-Christ par sa forme, son caractère, sa noblesse et sa dignité. Allah lui donnera tout ce qu'Il a donné aux prophètes et plus que cela, Il le préférera à tous. Al-Qa'im, le descendant d'Ali (psl), disparaîtra comme l'a fait le prophète Joseph (psl) et réapparaîtra comme l'a fait Jésus f ils de Marie (psl). Il réapparaîtra, après sa disparition, avec l'étoile rouge, la destruction d'az-Zawra' (ar-Riy en Perse), le naufrage d'al-Muzawarra (Bagdad), le soulèvement d'as-Sufyani, la guerre des descendants d'al-Abbas contre le peuple arménien et azéri, qui fera des milliers de victimes. Chaque guerrier s'emparera d'une épée ornée, sur laquelle flotteront des bannières noires. Ce sera une guerre pleine de mort rouge et de peste terrible ». Source : Biharul Anwar, vol.52 p.225, Ithbat al-Hudat, vol.3 p.532, Muntakhab al-Athar p.300.

« Si le cinquième des descendants du septième est caché (signifiant al Mahdi), alors vous devez rester fidèles à votre religion et ne rien laisser vous détourner d'elle parce que l'exécuteur (al-Qaïm) de cette tâche (raviver la religion) doit disparaître jusqu'à ce que plusieurs de ceux qui ont cru en lui, deviennent apostats. Ce sera une épreuve par laquelle Allah éprouvera Son peuple. Si vos pères et vos grands-pères avaient trouvé une religion meilleure que celle-ci, ils l'auraient suivie ». J'ai dit : « Ô mon maître, qui est le cinquième des descendants du septième ? ». Il a dit : « O mon fils, ton esprit est petit pour percevoir cette affaire et ta patience est faible pour la supporter. Si vous vivez jusque-là, vous saurez qui il est ». Source : Al-Kafi, vol.1 p.336, al-Hidaya la-Kubra p.361, Ithbat al-Wassiyya p.224, 229, Kamal ad-Deen p.359, Ilal ashSharayi' p.244, Kifayatul Athar p.264, Dala'il al-Imama p.292, l'Iam al-Wara p.406, Mo'jam Ahadeeth al-Imam alMahdi, vol.4 p.138.

« Que feriez-vous si à un moment vous ne trouvez pas d'imam, de guide ni de bannière et où personne ne se sauvera de cette confusion, sauf celui qui priera Allah avec la prière du noyé ? ». Mon père a dit : « Par Allah, c'est une grande calamité. Que je meure pour toi ! Qu'est-ce qu'on va faire alors ? ». Il a dit : « Si cela se produit - et vous n'y parviendrez pas - gardez ce que vous avez eu jusqu'à ce que l'affaire devienne claire ». Source : Kamal ad-Deen p.348, Ithbat al-Hudat, vol.3 p.533, Biharul Anwar, vol.52 p.133, Mo'jam Ahadeeth al-Imam al-Mahdi, vol.3 p.399.

« Ô Abban, une période de temps viendra aux gens, au cours de laquelle la connaissance sera liée entre les deux mosquées comme un serpent lié dans son trou. Dans un tel état, leur étoile brillera vers eux ». Abban a dit : « Que je te sois sacrifié ! Que devrions nous faire et que se passera-t-il par la suite?». Il a dit : « Restez sur ce que aviez l'habitude de rester auparavant jusqu'à ce que Allah amène le Maitre du Commandement ».
[Que ceux, donc, qui s'opposent à son commandement prennent garde qu'une épreuve ne les atteigne, ou que ne les atteigne un châtiment douloureux] (Qu'ran: 24;63) [Ô les croyants! Obéissez à Allah, et obéissez au Messager et à ceux d'entre vous qui détiennent le commandement] (Qu'ran: 4;59) [Obéissez à Allah, obéissez au Messager, et prenez garde! Si ensuite vous vous détournez... alors sachez qu'il n'incombe à Notre messager que de transmettre le message clairemen] (Qu'ran: 5;92)

Peut-être que le maître de l'affaire (Al-Qaïm), qui a été lésé et dont le droit a été bafoué, va et vient fréquemment parmi les gens, marche dans leurs marchés et s'assoit sur leurs tapis mais ils ne le reconnaissent pas jusqu'à ce que la volonté d'Allah lui permette de se présenter à eux comme Allah a permis au prophète Joseph (psl) de se présenter à ses frères en disant : [Ils dirent: «Est-ce que tu es... Certes, tu es Joseph!» - Il dit: «Je suis Joseph, et voici mon frère. Certes, Allah nous a favorisés] (Qu'ran: 12;90) Source : Al-Kafi, vol.1 p.336, Kamal ad-Deen p.144, Ilal ash-Sharayi' p.244, Dala'il al-Imama p.290, Taqreeb alMa'arif p.189, l'lam al-Wara p.405, al-Khara'ij wel Jara'ih, vol.1 p.934, Ithbat al-Hudat, vol.3 p.442.

« Le maître de cette affaire a des aspects semblables à ceux de quatre prophètes; un aspect de Moïse, un de Jésus-Christ, un de Joseph et un de Mohammed (que la paix soit sur eux). J'ai dit : « Quel est celui concernant Moise (psl) ? ». Il a dit : « Effrayé et restant dans l'attente». J'ai dis:«Celui de Jésus (psl)?». Il a dit:«Il sera dit à propos de lui (Imam al Mahdi) ce qui a été dit à propos de Jésus Christ ». J'ai dit : « Celui de Jospeh ? ». Il a dit : « La détention et la disparition ». J'ai dit : « Celui de Muhammad (pslf) ? ». Il a dit : « Quand l'Imam Mahdi apparaîtra, il imitera son grand-père Muhammad et il dégainera son épée pendant huit mois, pendant lesquels il y aura des grabuges, jusqu'à ce que Allah soit satisfait ». J'ai dit : « Comment saura-t-on qu'Allah est satisfait ? ». Il a dit : « Allah mettra Sa Miséricorde dans son cœur (l'imam) ». Source : Al-Imama wet Tabsira p.93, Ithbat al-Wassiyya p.226, Kamal ad-Deen p.152, 326, 327, 329, Dala'il al-Imama p.291, Taqreeb al-Ma'arif p.190, al-Ghayba by at-Toossi p.160, l'lam al-Wara p.403.

« Quand Al-Qa'im (psl) se lèvera, les gens le renieront parce qu'il reviendra vers eux tel un jeune homme. Personne ne croira en lui, sauf ceux avec qui Allah a fait alliance depuis la première création ». Dans une autre tradition, il a dit : « C'est une grande affliction, lorsque leur homme (Al- Qaïm) leur apparaîtra jeune alors qu'ils penseront qu'il est vieux ». Source : Al-Ghayba by at-Toossi p.420, Iqd ad-Durar p.41, Muntakhab al-Anwar al-Mudhee'a p.188, Ithbat al-Hudat, vol.3 p.512, 536, 583, 608, Hilyatul Abrar, vol.2 p.583.

« Une fois, j'ai demandé à Abu Abdullah as-Sadiq (psl) si l'appel (du Ciel) serait vrai. Il a dit : « Oui, par Allah, jusqu'à ce que chaque nation l'entende dans sa propre langue ». Il a aussi dit : « Al-Qa'im n'apparaîtra que si les neuf dixièmes de la population périssent ». Source : Hilyatul Abrar, vol.2 p.682, Biharul Anwar, vol.52 p.244, Mo'jam Ahadeeth al-Imam al-Mahdi, vol.3 p.441.

« Une fois, Abu Ja'far al-Baqir (psl) a été interrogé sur l'interprétation du verset du Coran : [Nous leur montrerons Nos signes dans l'univers et en euxmêmes, jusqu'à ce qu'il leur devienne évident que c'est cela, la vérité] (Qu'ran : 41;53). Cela signifie l'apparition d'Al-Qaïm, qui est la vérité qu'Allah fera inévitablement voir à Son peuple ». Source : Ithbat al-Hudat, vol.3 p.737, al-Mahajja p.188, Tafseer al-Burhan, vol.4 p.114

« Il y aura un incendie (guerre) d'Azerbaïdjan qui ne laissera rien. Si cela se produit, alors restez à la maison et restez comme nous sommes restés. Si cet homme (AlQa'im) arrive, vous devez vous hâter de le rejoindre, même en rampant. Par Allah, c'est comme si je le voyais entre le temple (d'Abraham) et l'angle (de la Kaaba) rendant hommage à une nouvelle alliance. Il sera sévère avec les Arabes. Malheur aux arrogants parmi les Arabes d'un mal qui est sur le point d'arriver ». Source : Biharul Anwar, vol.52 p.135.

« J'ai entendu l'imam ar-Redha (psl) dire : « Avant cette affaire (l'apparition d'alMahdi) il y aura bayooh ». Je ne savais pas ce que cela signifiait. Quand je suis allé offrir le hajj, j'ai entendu un nomade dire : « C'est un jour bayooh ». Je lui ai demandé : « Que signifie (bayooh) ? ». Il a dit : « Ça veut dire très chaud ». Source : Qurb al-Isnad p.170, Biharul Anwar, vol.52 p.242, Bisharatul Islam p.156, Mo'jam Ahadeeth al-Imam alMahdi, vol.4 p.164.

Ce hadith nous indique clairement que le réchauffement climatique sera un des signes de la réapparition du Mahdi.

« Quand Al-Qa'im de la famille de Muhammad apparaîtra, Allah le soutiendra avec ses anges. Gabriel sera devant lui, Michael à droite et Israfel à gauche. La terreur le précédera d'environ un mois de voyage devant lui, derrière lui, sur le côté droit et sur le côté gauche. Les anges proches seront à ses côtés. Le premier à le suivre sera Mohammed (psl) et le second sera Ali (psl). Avec son épée, il va conquérir Rome, Daylam (en Iran), Sind (au Pakistan), l'Inde, Kabul et la région Caspienne. Al-Qa'im (psl) n'apparaîtra pas sans que son apparition ne soit précédée d'une grande terreur, de tremblements de terre, de séismes, de séditions, de calamités, de propagation de la peste, de tueries parmi les Arabes, de grands désaccords entre les peuples, de séparations religieuses et de mauvaises conditions, et ce de jour comme de nuit, où chacun souhaite mourir pour avoir vu la folie des gens en essayant de se manger entre eux. Al-Qa'im (psl) apparaîtra lorsque les gens atteindront un degré très élevé de désespoir. Heureux celui qui voit Al-Qaïm et devient l'un de ses partisans, et malheur à celui qui s'oppose à lui, désobéit à ses ordres et devient son ennemi. Il apparaîtra avec une nouvelle méthode, de nouveaux principes et de nouveaux jugements. Il sera sévère avec les Arabes. Il tuera sans pardonner personne et sans se soucier d'aucune faute, parce qu'il agira selon la volonté d'Allah ». Source : Ithbat al-Hudat, vol.3 p.540, Biharul Anwar, vol.52, 349, Mo'jam Ahadeeth al-Imam al-Mahdi, vol.3 p.183.

« Quand Al-Qa'im (psl) apparaîtra, il le fera avec la bannière du prophète Muhammad (psl), l'anneau de Salomon (psl), le rocher et le bâton de Moïse (psl). Ensuite, il ordonnera à son interlocuteur d'annoncer que personne ne doit transporter de la nourriture, des boissons ou du foin. Ses compagnons diront : « Il veut nous faire mourir de faim et de soif ». Lui et ses compagnons déménageront jusqu'à la première maison qu'ils atteindront. Il frappera un rocher et ensuite la nourriture, la boisson et le foin en sortiront. Ils mangeront, boiront et nourriront leur bétail. Ensuite, ils atteindront Najaf, qui est près de Kufa ». Source : Basa'ir ad-Darajat p.188, Al-Kafi, vol.1 p.231, Kamal ad-Deen p.670, al-Khara'ij wel Jara'ih, vol.2 p.690, Muntakhab al- Anwar al-Mudhee'a p.199, Ithbat al-Hudat, vol.3 p.440, 541, Hilyatul Abrar, vol.2 p.579, 580, Biharul Anwar, vol.13 p.185, vol.52 p.324, 325, 335.

Imara al-Hamadani avait dit à Abu Abdullah as-Sadiq : « Qu'Allah vous fasse réussir ! Certains nous critiquent et disent que nous prétendons qu'il y aura une voix qui appellera du Ciel ». Abu Abdullah as-Sadiq (psl) a dit : « Mon père disait souvent : « Cela a été mentionné dans le Livre d'Allah : [Si Nous voulions, Nous ferions descendre du ciel sur eux un prodige devant lequel leurs nuques resteront courbées] (Qu'ran : 26;4). Tous les peuples de la terre croiront au premier appel. Le lendemain, Iblis s'élèvera haut dans le ciel jusqu'à ce qu'il disparaisse et ensuite il criera : « Uthman a été tué injustement. Vous devez venger son sang ». Certains apostats diront que c'est la magie des chiites. C'est pourquoi Allah a dit : [Et s'ils voient un prodige, ils s'en détournent et disent: «Une magie persistante»] (Qu'ran : 54;2). Source : Tafseer al-Burhan, vol.3 p.180, Hilyatul Abrar, vol.2 p.612, al-Mahajja p.158, Biharul Anwar, vol.52 p.293, Mo'jam Ahadeeth al-Imam al-Mahdi, vol.5 p.295.

« Amirul Mo'minin (psl) a été informé de certaines choses qui allaient se passer après lui jusqu'à l'apparition d'al-Qa'im. Al-Husayn (psl) lui demanda : « Ô Amirul Mo'minin, quand Allah débarrassera-t-il le monde des gens injustes ? ». Amirul Mo'minin (psl) a dit : « Allah ne libèrera pas le monde des injustes tant que le sang sacré ne sera pas versé ». Il a mentionné l'histoire des Omeyyades et des Abbassides dans une longue tradition, puis il a dit : « Quand Al-Qa'im se lèvera à Khurasan, vaincra Kufa et les deux nations, passera devant l'île de Bani Kawan (Une grande île dans le golfe Persique entre Oman et Bahreïn) et qu'un autre révolté de notre part se lèvera à Jeelan, qui sera soutenu par le peuple d'Aabir et Daylaman (ville en Iran) alors les bannières des Turcs s'accrocheront dans différents pays pour soutenir mon fils (Al-Qa'im). Il se passera des choses ici et là. Bassora sera détruite et l'émir des émirs régnera en Egypte ». Il a raconté une longue histoire et a dit : « Quand les armées se prépareront, les différents chefs se lèveront, les révoltés se rebelleront et les incrédules périront, à ce moment le Qa'im et l'Imam inconnu apparaitront avec honneur et vertu. Ô Hussein, c'est ton descendant. Il apparaîtra entre les deux angles (de la Kaaba) dans des vêtements chiffonnés. Il régnera sur tous les peuples et débarrassera le monde de tout mal. Béni soit celui qui vit jusqu'à l'âge de son (Al-Qaïm) et jouit de son règne ». Source : Biharul Anwar, vol.52, p.235, Mo'jam Ahadeeth al-Imam al-Mahdi, vol.3 p.16. Peut y avoir plusieurs interprétations

Amirul Mo'minin (psl) a dit : « Avant l'apparition d'Al-Qaïm, il y aura la mort rouge, la mort blanche et les attaques de sauterelles dans le temps et hors du temps. La mort rouge est le meurtre par l'épée et la mort blanche est la peste ». Source : Irshad al-Mufeed p.359, al-Ghayba by at-Toossi p.438, l'lam al-Wara p.427, al-Khara'ij wel Jara'ih, vol.3 p. 1152, Iqd ad-Durar p.65, Kashful Ghumma, vol.3 p.249, Mo'jam Ahadeeth al-Imam al-Mahdi, vol.3 p.20.

« Après la mort de l'Imam as-Sajjad (psl), je suis allé voir Abu Ja'far al-Baqir (psl). Je lui ai dit : « Que je meure pour toi ! Tu sais que je me suis tenu à ton père, que je me suis senti si heureux d'être avec lui et que j'ai laissé les gens de côté ». Il a dit : « Ô Abu Khalid, c'est vrai. Qu'est-ce que tu veux alors ? ». J'ai dit : « Que je meure pour toi ! Votre père m'a décrit l'homme de cette affaire (AlQaïm) de telle sorte que si je le vois quelque part, j'attraperai sa main ». Il a dit : « Que veux tu ? ». J'ai dit : « Je veux que vous l'appeliez pour que je le connaisse par son nom ». Il a dit : « Ô Abu Khalid, par Allah vous avez posé une question si difficile. Tu m'a demandé quelque chose dont je n'ai jamais parlé à personne. Si j'en avais parlé à quelqu'un, je te l'aurais dit. Vous avez demandé quelque chose que les descendants du Prophète, s'ils le savaient eux-mêmes, auraient fait de leur mieux pour le cacher ». Source : Al-Ghayba by at-Toossi p.333, Ithbat al-Hudat, vol.3 p.509, Biharul Anwar, vol.51 p.31, vol.52 p.98, Mo'jam Ahadeeth al-Imam al-Mahdi, vol.3 p.229.

Hypothétiquement l'Imam entend par la que le Mahdi sera différent des attentes des musulmans.

Abu Abdullah as-Sadiq (psl) dire : « Quand notre Qa'im apparaîtra, il recevra des préjudices du peuple ignorant et ces torts seront encore plus cruels que ceux que le Prophète a reçus des gens à l'époque préislamique ». J'ai dit : « Comment cela ? ». Il a dit : « Le Prophète est venu vers les gens alors qu'ils avaient l'habitude d'adorer la pierre sculptée et le bois alors que le AlQaïm viendra vers les gens qui protesteront contre lui en interprétant le Livre d'Allah en fonction de leurs fantaisies. Par Allah, Al-Qa'im insérera sa justice dans leurs maisons comme l'entrée du chaud et du froid ». Source : Ithbat al-Hudat, vol.3 p.544, Hilyatul Abrar, vol.2 p.630, Biharul Anwar, vol.52 p.362, Mo'jam Ahadeeth allmam al- Mahdi, vol.3 p.501.

Abu Ja'far al-Baqir (psl) avait dit : « Quand l'homme de cette affaire (Al-Qa'im) apparaîtra, il recevra des gens des coups pire que celui que le Prophète a reçu ». Source : Hilyatul Abrar, vol.2 p.631, Biharul Anwar, vol.52 p.362, Mo'jam Ahadeeth al-Imam al-Mahdi, vol.3

Abu Abdullah as-Sadiq a dit : « Quand la bannière de la vérité (al-Mahdi) apparaîtra, les peuples de l'Orient et de l'Occident la maudiront. Savez-vous pourquoi ? ». J'ai dit : « Non, pas du tout ». Il a dit : « C'est à cause des préjudices que le peuple recevra avant son apparition ». Source : Hilyatul Abrar, vol.2 p.631, Biharul Anwar, vol.52 p.363, Mo'jam Ahadeeth al-Imam al-Mahdi, vol.3 p.500.

Abu Abdullah as-Sadiq a dit : « Certaines choses sont inévitables et d'autres non. Parmi les choses inévitables, il y a l'ascension du Sufyani durant le mois de Rajab ». Source : Kamal ad-Deen p.65, Jami'ul Akhbar p.142, Ithbat al-Hudat, vol.3 p.721, Biharul Anwar, vol.52 p.204, 248, Mo'jam Ahadeeth al-Imam al-Mahdi, vol.3 p.463.

Abu Ja'far al-Baqir (psl) a dit en parlant de ce verset : [puis il vous a décrété un terme, et il y a un terme fixé auprès de Lui] (Qu'ran : 6;2). « Il y a deux termes ; l'un est inévitable l'autre est en suspens ». Hamran lui demanda : « Quel est celui inévitable ? ». Il répondit : « C'est une chose qui a été déterminé par la volonté d'Allah ». Hamran a dit : « J'espère que le terme du Sufyani est en suspens ». Abu Ja'far al-Baqir répondit : « Non, ça ne l'est pas. Par Allah, c'est de ceux qui sont inévitables ». Source : Tafseer al-Burhan, vol.1 p.517, Biharul Anwar, vol.52 p.249, Mo'jam Ahadeeth al-Imam al-Mahdi, vol.5 p.96.

« Nous étions avec Abu Ja'far Muhammad bin Ali al-Jawad (psl) quand on parlait du Sufyani et que son affaire était inévitable. J'ai dit à Abu Ja'far al-Jawad (psl) : « Est-ce qu'Allah change Sa détermination concernant les choses inévitables ? ». Il a dit : « Oui, c'est possible ». Nous lui avons dit : « Nous craignons qu'il ne change sa décision sur la question d'Al-Qaïm ! ». Il a dit : « L'affaire d'Al-Qa'im fait partie de la promesse d'Allah et Il ne manquera pas à sa promesse ». Source : Ithbat al-Hudat, vol.3 p.544, 740, Biharul

Anwar, vol.52 p.250, Bisharatul Islam p.160, Mo'jam Ahadeeth allmam al- Mahdi, vol.4 p.183.

« Un jour, un homme vint à Amirul Mo'minin (psl) avec un autre homme appelé ibn as-Sawda' et dit : « Ô Amirul Mo'minin, cet homme attribue des mensonges à Allah et à Son messager et il mentionne que vous en êtes la source ». Amirul Mo'minin (psl) a dit : « Qu'est-ce qu'il dit ? ». L'homme a dit : « Il parle d'une armée de colère ». Amirul Mo'minin (psl) a dit : « Libérez cet homme ! L'armée de la colère viendra à la f in des temps. Ils se rassembleront comme les nuages de l'automne. Un homme, deux ou trois viendront de chaque tribu jusqu'à ce qu'ils deviennent neuf (de chaque tribu). Par Allah, je connais leur émir et son nom et je connais l'endroit où séjourneront leurs compagnons ». Puis il s'est levé en disant : « Baqir ! Baqir ! Baqir ! C`est un homme de ma descendance. Il coupera les traditions ». Source : Biharul Anwar, vol.52 p.247.

« Abu Abdullah as-Sadiq a dit : « Quand l'imam (al-Mahdi) appellera l'adhan, il priera Allah avec son nom hébreu, puis ses compagnons, qui seront trois cent treize hommes, seront autorisés à le rejoindre. Ils se rassembleront comme les nuages de l'automne. Ils seront les porteurs des bannières. Certains d'entre eux seront dans leur lit la nuit et le matin ils se retrouveront à La Mecque. Certains d'entre eux seront vus marchant sur les nuages pendant la journée. Ils seront connus par leurs noms, ceux de leurs pères et de leurs lignées ». J'ai dit : « Que je meure pour toi ! Lequel d'entre eux est le plus grand dans la foi ? ». Il a dit : « Ce sont ceux qui marchent sur les nuages pendant la journée. A propos de ces compagnons, Allah a révélé ce verset : [Où que vous soyez, Allah vous ramènera tous] (Qu'ran : 2;148). Source : Tafseer of al-Ayyashi, vol.1 p.67, Ithbat al-Hudat, vol.3 p.548, al-Mahajja p.20, Tafseer al-Burhan, vol.1 p.162, 164, Biharul Anwar, vol.52 p.368, Mo'jam Ahadeeth al-Imam al-Mahdi, vol.5 p.32.

Abu Ja'far al-Baqir (psl) a dit : « Quand Al-Qa'im apparaîtra, il invitera le peuple à une nouvelle mission comme le Prophète a invité le peuple à une nouvelle mission. L'islam a commencé étranger et il reviendra étranger comme il a commencé. Heureux sont les étrangers ! ». Source : Biharul Anwar, vol.52 p.366, Mo'jam Ahadeeth al-Imam al-Mahdi, vol.3

Ici le Prophète fait mention de la nouveauté du Message divin.

« Un jour, j'ai visité Abu Abdullah as-Sadiq (psl). Sur son côté droit il y avait le maître de ses fils Musa (al-Kadhim) (psl) et devant lui il y avait un cercueil couvert. Il m'a dit : « Ô Zurara, fais venir Dawood bin Katheer, Hamran et Abu Baseer ». Puis al-Mufadhdhal bin Umar est entré. Je suis parti pour amener ces personnes. Les gens commencèrent à venir les uns après les autres jusqu'à ce qu'une trentaine d'hommes se trouve à l'intérieur de la maison. Quand celle ci est devenue surpeuplée, Abu Abdullah as-Sadiq (psl) a dit : « O Dawood, découvre le visage d'Isma'il ! ». Dawood s'est exécuté. Abu Abdullah as-Sadiq (psl) a dit : « O Dawood, est-il vivant ou mort ? ». Dawood a dit : « Ô mon maître, il est mort ». Abu Abdullah as-Sadiq (psl) a posé la même question à tout le monde dans la maison après leur avoir montré le cadavre de son fils et tous ont répondu qu'il était mort. Puis il a dit : « Ô Allah, Sois témoin ! ». Il ordonna de le laver (selon les rituels islamiques) et de le mettre dans ses derniers vêtements. Quand tout fut terminé, Abu Abdallah as-Sadiq dit à al-Mufadhdhal : « O Mufadhdhal, découvre son visage ! ». Il s'exécuta. Abu Abdallah as-Sadiq (psl) lui a dit : « Est-il vivant ou mort ? ». Il a dit : « Il est mort ». Abu Abdullah as-Sadiq (psl) a dit : « Ô Allah, sois leur témoin ! ». Puis Isma'il a été emporté dans sa tombe. Lorsqu'il fut enterré, Abu Abdallah asSadiq (psl) dit : « Ô Mufadhdhal, découvre son visage ! ». Puis il demanda à tout le monde : « Est-il vivant ou mort ? ». Nous avons dit : « Il est mort ». Il a dit : « Ô Allah, témoignez et vous, ô peuple, témoignez, car ceux qui suivent le mensonge, doutent. Ils veulent éteindre la lumière d'Allah avec leur bouche - il a montré du doigt son fils Musa - et Allah ne consentira qu'à perfectionner Sa lumière ». Puis nous avons commencé à verser de la terre sur les morts. Il nous a redemandé : « Qui est le mort enterré dans cette tombe ? ». Nous avons dit : « C'est Isma'il ». Il a dit : « Ô Allah, Sois témoin ! ». Puis il prit la main de son fils

Musa et dit : « Il (AlQa'im) est une vérité et celle ci vient de lui jusqu'à ce qu'Allah hérite de la terre et de tout ce qui s'y trouve ». Source : Biharul Anwar, vol.48 p.21, Awalim al-Uloom, vol.21 p.48

Abu Abdullah as-Sadiq a dit : « Par Allah, ton homme t'apparaîtra et il n'aura rendu hommage à personne ». Et il a dit : « Votre homme n'apparaîtra pas tant que les gens de vérité ne le soupçonneront pas ». [Ceci est une grande nouvelle mais vous vous en détournez] (Qu'ran : 38;67-68).

La théorie du Tout

Les atomes sont en fusion et répulsion en toute symbiose par les Énergies et leurs propriétés. C'est donc la conscience de l'Énergie dominante qui détermine les résultats. L'Observateur et le Programme-Mère ont une conscience interconnectée, ainsi s'il y a une observation à faire, le retour de calculs dissocie la réalité et la reconstruit sur tout paramètres, pour que le Temps qui incorpore un changement s'écoule de manière géométrique et sphérique entre les particules de la Matrice. L'Esprit universel est séquençé par l'Âme universelle et par les 6 raisons des observateurs, afin de trouver un équilibre entre les différentes consciences.

La matiere noire est l'addition des atomes et leurs accumulations.. C'est une zone où y a de la Vie sur un autre plan de la réalité.

L'énergie noire est la lumière présente qui ne peut etre calculées par une conscience inférieur ayant des calculateurs archaïques. C'est de la futur "lumière", pas encore séquencé par l'Âme individuelle dans la matrice de conscience où il évolue. C'est-à-dire que selon le lieux d'observation et selon la conscience des observateurs, on peut y observer la vie. Plus l'énergie noire est dense, plus les consciences y évoluant possèdent de fortes capacités.
Comme indiqué dans les arcanes du savoir universel et de la discussion, il a fallu un premier Signal qui s'est étendu sous la forme d'une onde qui créa les Âmes, les Esprits, les Gammes et les Énergies qui prirent un

ordre. Il faudra donc un deuxième Signal, pour que le Temps s'écoule dans une bulle spatio-temporelle formée de lumières. Comme si le premier Signal était une explosion de lumière, et qu'ensuite le deuxième Signal serait un objet qui attire la lumière vers un autre qui à les mêmes fonctions d'attirance et d'expulsion de la lumière etc... Par la conscience de l'Être individuel, la Lumière trouve une frontière. Par l'existence du Tout et de l'individuel, Il y a l'observation de la mesure et de la valeur dans le même instant de séquençage entre les consciences interconnectées par les 6 raisons. Il y a donc la création de l'à peu près sur une mesure qui est prise en compte par les Êtres conscients individuels et l'Âme universelle. Ainsi le temps s'écoule naturellement. L'Âme universelle et l'Esprit Universel sont donc un don de Dieu pour les conscience, car ils partagent une Âme avec l'Âme universelle et un Esprit avec l'Esprit universel.

Les Cycles microscopiques et macroscopiques sont continue de probabilités changeantes par le Temps existant, pour générer la réalité construite entre les 6 raisons de l'Être conscient individuel et universel. Les informations entre l'Âme universelle et l'Esprit universel mais aussi avec les 6 raisons des Êtres conscients, s'équilibrent et se calculent de manière à avoir la superposition du point vide et plein à la fois. Le passé est vide et le futur est plein.

Le point minimal est forcément temporel et donc c'est un tube quantique. Les 6 raisons qui répondent à deux signaux en même temps sont l'alchimie du chaos qui existe dans les sphères microscopiques. Ainsi le Signal vient avant l'Être et continue jusqu'à un autre Signal après. Les tubes quantiques expulsent de la lumière d'un côté et l'attirent de l'autre, afin qu'il puisse y avoir un transite de l'information (la lumière). Cela forme une singularité entre tous les tubes quantiques qui sont sur la même Gamme temporelle au niveau microscopique. Cette singularité est une cohésion de ce qu'on appelle la matière.

L'existence de l'individuel se fait par la zone vide entre deux sphères microscopiques. Cette zone est la conscience capable de captages des énergies macroscopiques. Il faut voir deux tubes quantiques comme un calque du vent autour d'une pierre et sous la forme d'un chromosome. La pierre est un tube et le vent un autre. A la frontière de la conscience d'un objet se trouve la dernière couche de molécules. La friction entre les molécules est une création d'énergies.

La première forme géométrique apparue par onde exponentielle était un cube formé de 6 pyramides. Pareillement pour les 6 raisons. Les informations cubiques interagissent entre unité de calculs probabilistes, ainsi la sphère temporelle se séquence sur l'Union t+ et t-. L'instant t est l'Âme universelle qui séquençe l'Esprit universel en lui faisant prendre la forme d'un cubes et d'un rond a la suite, sachant que le deuxième Signal est futuriste et le Premier antérieur, l'Histoire converge vers une Fin universelle. Au plus petit état, ce sont comme des pixels vides et pleins a la fois, et a la suite, sur le même schéma. Ils sont donc semi-vide, semi-plein. L'informations transitent et il y a destruction-reconstruction de t+ vers l'instant t. Sachant que t+ est une sphère d'existence probalistique et l'instant t est une cohésion de t+.

Les consciences sont appelées de proches et de loins et de toutes parts car elles sont conditionnés a répondre. Appele aussi à tendance négative ou positives, de gauche et de droite mais aussi de hauts en bas. Les idées de Platon dans la premiere encyclopédie métaphysique d'Aristote prennent leurs sens et leurs places.

Tous ce qui est possible d'arriver et de mesurer, arrive a chaque instant. Toutes les informations se retrouvent en "concours" de challenge probabiliste, pour qu'en fin de série la réalité soit "pleine". Une réalité vide se remplit alors. La boucle t+ et t est bouclée.

La naissance des énergies

Au plus près du commencement existait un Ordre. Cet Ordre était l'existence d'une Énergie créatrice et émettrice d'énergies. L'Âme universelle donna une utilité aux énergies élémentaires comme les astres et un cadre d'existence aux Esprits énergétiques.
La fusion des Esprits énergétiques et des Programme-Programmeur se fait par cohérence et soumission aux lois de leur Matrice. C'est par la

conscience et la captation des énergies de l'électron et du proton vers le neutron qui est une vibration gravitationnelle, que les consciences et les psychés formatent la réalité.

Après la mort organique, l'Âme individuelle et sa Psyché de base sont téléchargées par l'Âme Universelle vers la Matrice de coeur du mort. Ce sera celle vers laquelle l'Être conscient penche dans sa Direction. La Psyché se complexifie avec les réincarnations et l'Âme reste sur sa nature propre. Ainsi avec les réincarnation, la Psyché devient maîtresse de son Âme.

La Dualité

Après avoir créer un premier calque d'une Création dans un Univers de concepts-moteurs, Dieu par la connaissance accordée à sa Création a décidé de la Dualité sur le principe de la connaissance des contraire et de leur maîtrise. Le Bien et le Mal se distinguent alors par ce principe et ils créés une Histoire unique.

Le Bien et le Mal

Le Bien est une figure noble d'apparence en toute circonstance... il se fait avec amour et il plaît à Dieu d'en augmenter les bienfaits. Cet amour fructifie les émotions et l'envie de bien faire. La meilleure des émotions est la foi, elle donne un sens à tout le négatif et une sincérité au positif. Celui qui n'est pas sincères dans sa foi, parlera toujours d'égocentrisme. Et quand il prêche il parle de lui et de ses démons. Celui qui donne un sens au Mal, demande la rémission du péché. Le Mal a une saveur enivrante et tout le monde en à sa part. Le Mal a toujours à faire et à redire...

Le Djihad

La guerre pour survivre est la première et dernière opportunité pour la Justice. Dieu n'a permis la guerre que lorsqu'il fallait sauver les croyants des mains impies.

Le Djihad contre soi-même

Au départ de toute réussite, il y a l'entraide et le respect entre personnes conscientes. Selon le Prophète de l'Islam, ce qui n'est pas affaire de religion est de la culture générale. Le combat contre soi même est la seule porte que Dieu n'a jamais fermé pour quiconque, car elle ressuscite après sa mort pour toujours. C'est-à-dire que l'Âme se soumet à l'Esprit de réflexion, le don de Dieu et de ses ascendants.

Cette Âme incitatrice est la cause du Mal, tandis que l'Esprit saint est un héritage, et quand il se perd c'est un pèlerinage.

Sur notre mode d'existence la mort est réelle. C'est le mouvement des sphères unitaires et assemblées (les atomes) par les 6 raisons qui sont des acquis, que la mort marche debout. La Création vient du microcosme jusqu'au macrocosme et que dans ce sens.

La réalité

Ce sont les djinns visibles a l'époque du Mahdi qui sont à la base du trouble mondial et leur méfaits sont calculés et bien organisés. Ce sont eux les auteurs du "Protocole des sages de Sion" ... ils ne font que diviser les relations sociales au niveau individuel, national et international pour crée des tensions idéologiques et des impasses pour les nations. Ils appauvrissent les peuples de tel manière que le pauvre soit un esclave. Parmi les hommes ils ont des associés et ils sont connus de tous. De nos jours le partie de Satan (Iblis) ne se cachent plus, ils ont infiltrés toute les sociétés et ils poussent les peuples à agir d'une manière qui déplait à Allah. Ils parlent de progrès social et de lois économiques mais ce n'est juste que de l'esclavage moderne. L'Occident est leur fief, ils dépouillent les peuples comme les africains et autre pays du tiers-monde et quand les dirigeants de ses pays souhaitent ne pas soutenir leur système, il est tué ou destitué par des assassins qui composent l'opposition politique... ou bien ils (les Djinns) fomentent une guerre civil par les médias et les armes... mais aussi des sanctions économiques internationales. Ils utilisent la désinformation en contrôlant ce qui se dit ou ce qui ne se dit pas.

Dans la sourate Al Hadid (et ce n'est pas la seul a nous informer sur leur méfaits) verset 14 il est dit:

" N'étions nous pas avec vous" leur crieront-il. "Oui, répondront [les autres] mais vous vous êtes laissés tenter, vous avez comploté (contre les croyants) et vous avez douté et de vains espoirs vous ont trompés, jusqu'à ce que vain l'ordre d'Allah. Et le séducteur [le diable] vous a trompés au sujet d'Allah.

Ici le verset fait mention des hommes qui se sont alliés aux Djinns démoniaques.

Et ce verset de la sourate 6 les bestiaux (Al-An'âm) est encore plus clair:

"[128] Le Jour où [DIEU] les rassemblera tous [Il dira] : « Ô groupe [d'impies] de djinns, vous avez trouvé beaucoup [à égarer] parmi les humains ». Et leurs suppôts parmi les humains diront : « Seigneur, nous avons profité les uns des autres, et nous voici au terme que Tu avais fixé pour nous ». Il [leur] dira : « Le Feu (résultat de vos actions) sera votre séjour, où [vous demeurerez] perpétuellement sauf ce que DIEU voudra ». Ton Seigneur est Sage [et] Omniscient."

Dans cette Sourate Al Baqara numéro 2 on fait état des sorciers et de l'élite sataniste. Dans cette société, il est interdit de raisonner par la désinformation du Mal, qui est la voix du débat et de l'envie de grande richesse. Les Âmes qui ne se réforment pas en plus du fait qu'elles sont programmées pour, sont égarées.

: [8] Parmi les hommes certains [hypocrites, etc.] disent : « Nous croyons en DIEU et au Jour [du jugement] dernier », alors qu'ils ne sont pas croyants ;

[9] ils cherchent à tromper DIEU et les croyants ; ils ne trompent qu'euxmêmes et ils ne s'en rendent pas compte ;

[10] dans leur cœur il y a une maladie (une corruption, une perversité) et [s'ils s'obstinent, par conséquent] DIEU accroîtra leur maladie. Ils auront un châtiment [correctif] douloureux à la mesure de leurs mensonges ;

[11] quand on leur dit : Ne semez pas la corruption sur la terre. Ils disent : « [Mais] nous ne sommes que des réformateurs ! »

[12] ce sont plutôt eux les corrupteurs, mais ils ne s'en rendent pas compte ;

[13] quand on leur dit : « Croyez [en DIEU], comme les hommes croient ». Ils disent : « Croirons-nous comme croient les sots ? » Ce sont plutôt eux les sots, mais ils ne savent pas ;

[14] quand ils rencontrent les croyants, ils disent : « Nous croyons » ; mais dès qu'ils se trouvent seuls avec leurs "diables", ils disent : « Nous sommes de votre parti ; nous ne faisons que nous moquer [des croyants] ! »

[15] DIEU ne leur accorde plus Sa grâce [à cause de leur obstination] et les laisse persister dans leur rébellion [illusoire] et errer [dans leur] aveuglement ;

[16] voilà ceux qui ont troqué le droit chemin contre l'égarement ; ils n'ont tiré aucun profit de leur négoce, ils ne [se] sont pas bien guidés ;

Paraboles de circonstance

Une religion sans famille ne vaut rien.

Un séisme frappe pour emporter.

Dieu est Omniscient et le guide de l'Âme n'a de grandeur que selon ce qu'il transporte.

Un grand nombre se soustrait de moins de perte.

Le mensonge est un voile.

La réalité du Petit n'est pas celle du Grand.

Le vrai ne se mélange pas.

Le guide peut revenir.

Le chemin est connue par ceux qui l'empruntent.

L'audition n'a pas besoin de voir.

Un bon auditeur voit la parole.

L'Essence d'une parole est pleine.

Une essence parle de la même chose.

Le sens de la parole est l'existence.

Le but d'une parole est fait.

Celui qui répète est pour ou contre.

L'envie de rien faire a construit les premiers âge et détruit les dernièrs.

Les anges de Dieu sont ses démons et les démons de Satan sont ses anges.

Le Bien est une bonne symphonie, et celle du Mal est encore plus belle.

La force du faible est le maniement de la langue.

La faiblesse du fort est sa justesse.

La justesse c'est avoir tort et le reconnaître.

La folie de la pureté est le mélange.

La force du pure est une pensée saine.

Prier quotidiennement de sa pensée fait monter vers Dieu car l'on construit une relation.

On peut donner naissance à un inconnu et à un autre.

Pour une prière acceptée, le Temps s'arrête pour rejoindre le Temps de la Destiné, on ne sait jamais jusqu'où on est allé loin. Car la Destiné est une vitesse et une direction, sur un temps, par le miroir des causes à effets, tant que le souffle existe on est calqué sur une Fin.

Une alliance de théorèmes philosophiques sont métaphysique.

Par principe de dissociation, la métaphysique précède la philosophie.

Le choix est d'avancer.

Pour une fin à plusieurs il faut un début à toute heure originaire de la Dualité elle-même Unique.

Dieu est matières qui se partagent.

Ce qui brille créé.

L'ignorant ne connaît pas le sage.

Le sage n'imagine pas l'ignorant.

La sagesse est une marche.

Quand il acquiert un bien, l'ignorant le mange et le bien sort de sa voie.

Dans une société mensongère, la vérité est douloureuse.

Dans un monde unipolaire, la nation dominante se mélange plus.

Les coutumes sont jugées par le Temps.

La victoire d'une nation est un bon conseiller.

Le dirigeant ne connaît que sa direction.

La faute du dirigeant est pour sa nation.

La règle des trois voies est l'entre deux.

La voie la plus sûre est créée pour le guide.

Un acte figé devient réel.

Le Temps est sans espace, pourtant il voyage.

On marche de pair avec un reflet.

Le sommet est un lieu unique.

Un constat c'est une réalité du temps, de la mesure, de l'implication et du contraire par achèvement du Temps , de la mesure, de l'implication et du contraire. Si c'est un cycle, l'achèvement connait le début.

On peut ne jamais sortir du cycle de la maternelle.

La fureur d'éteindre est la pire.

On pourra toujours remonter aux origines des Univers grâce à la physique quantique mais on ne pourra remonter a ce qu'on appelle matière. Ensuite il y a déjà un lien avec le Tout antérieures, qui est l'alchimie des deux physiques qui sont classiques et quantiques pour donner Vie. La matière possède une densité exponentielle, elle est le début qui rayonne. L'alchimie qui est matière, est l'alchimie d'une Âme et d'un Esprit, ainsi ce sont les 6 raisons qui détiennent la primauté pour influencer la matière par la primauté de la Pensée créatrice de l'Élu et de la Psyché universelle.
Avec ou sans connaissance, tout le monde prend sa place. Celle qui est destinée par la cause du Karma.

Tous ce qui est possible d'arriver et de mesurer, arrive a chaque instant. Toutes les informations se retrouvent en "concours" de challenge probabiliste, pour qu'en fin de série la réalité soit "pleine". Une réalité vide se remplit alors.
La boucle t- et t+ est bouclée. Forme ronde+Forme cubique=une Forme.

Le sot ne connaît pas sa pauvreté.

Sourate 44 Ad-Dukhan- La Fumée

Au nom d'Allah, le Tout Miséricordieux, le Très Miséricordieux.

1. Ha, Mim.

2. Par le Livre (le Coran) explicite.

3. Nous l'avons fait descendre en une nuit bénie, Nous sommes en vérité Celui qui avertit,**(la naissance du Mahdi)**

4. durant laquelle est décidé tout ordre sage, **(avec un Commandement)**

5. c'est là un commandement venant de Nous. C'est Nous qui envoyons [les Messagers],

6. à titre de **(dons)** miséricordieux de la part de ton Seigneur, car c'est Lui l'Audient, l'Omniscient,

7. Seigneur des cieux et de la terre et de ce qui est entre eux, **(Seigneur de la Vie et de la Mort, des Âmes et des Esprits, du visible et de l'invisible)**si seulement vous pouviez en avoir la conviction.

8. Point de divinité à part Lui. Il donne la vie et donne la mort, et Il est votre Seigneur et le Seigneur de vos premiers ancêtres.

9. Mais ces gens-là, dans le doute, s'amusent. **(Ne savent rien du Complot contre leur personne)**

10. Et bien, attends le jour où le ciel apportera une fumée visible **(le Soufyani)**

11. qui couvrira les gens.**(Le Dajjal Antechrist)** Ce sera un châtiment douloureux. **(Le Madhi)**

12. "Seigneur, éloigne de nous le châtiment. Car [à présent] nous croyons".

13. D'où leur vient cette prise de conscience alors qu'un Messager explicite leur est déjà venu, **(Le Mahdi)**

14. Puis ils s'en détournèrent en disant : "C'est un homme instruit [par d'autres], un possédé".

15. Nous dissiperons le châtiment pour peu de temps; car vous récidiverez. **(Jusqu'au 12eme Roi le Mahdi fils de Hassan)**

16. Le jour où Nous userons de la plus grande violence et Nous Nous vengerons. **(Le Jour du Jugement)**

17. Et avant eux, Nous avons déjà éprouvé le peuple de Pharaon, quand un noble Messager leur était venu ,

18. [leur disant]: "Livrez-moi les serviteurs d'Allah! Je suis pour vous un Messager digne de confiance.

19. Ne vous montrez pas hautains vis-à-vis d'Allah, car je vous apporte une preuve évidente.

20. Et je cherche protection auprès de mon Seigneur et votre Seigneur, pour que vous ne me lapidiez pas.

21. Si vous ne voulez pas croire en moi, éloignez-vous de moi".

22. Il invoqua alors son Seigneur : "Ce sont des gens criminels".

23. "Voyage de nuit avec Mes serviteurs; vous serez poursuivis .

24. Laisse la mer calme; [telle que tu l'as franchie] ce sont, des armées [voués] à la noyade".

25. Que de jardins et de sources ils laissèrent [derrière eux]

26. que de champs et de superbes résidences,

27. que de délices au sein desquels ils réjouissaient.

28. Il en fut ainsi et Nous fîmes qu'un autre peuple en hérita.

29. Ni le ciel ni la terre ne les pleurèrent et ils n'eurent aucun délai.

30. Et certes, Nous sauvâmes les Enfants d'Israël du châtiment avilissant. **(Les chiites)**

31. de Pharaon qui était hautain et outrancier. **(Du Soufyani)**

32. A bon escient Nous les choisîmes parmi tous les peuples de l'univers ,**(ceux qui ont suivit le Mahdi)**

33. et leur apportâmes des miracles de quoi les mettre manifestement à l'épreuve. **(Le Dajjal Antechrist)**

34. Ceux-là (les Mecquois) disent :**(Les Ignorants)**

35. "Il n'y a pour nous qu'une mort, la première. Et nous ne seront pas ressuscités.

36. Faites donc revenir nos ancêtres, si vous êtes véridiques". **(Les sceptiques)**

37. Sont-ils les meilleurs ou le peuple de Tubbaa et ceux qui les ont précédés? Nous les avons fait périr parce que vraiment ils étaient criminels.

38. Ce n'est pas par divertissement **(La mesure de la valeur)** que Nous avons créé les cieux et la terre et ce qui est entre eux. **(La mesure et la valeur)**

39. Nous ne les avons créés qu'en toute vérité. **(La verité est tangible)** Mais la plupart d'entre eux ne savent pas. **(L'Information est empirique)**

40. En vérité, le Jour de la Décision sera leur rendez-vous à tous, **(Quand tout sera déjà Décidé)**

41. Le jour où un allié ne sera d'aucune utilité à un [autre] allié; et ils ne seront point secourus non plus,

42. sauf celui qui Allah fera miséricorde. Car c'est Lui, le Puissant, le Très Miséricordieux. **(Le repentant)**

43. Certes l'arbre de Zakkoum **(La descendance des infidèles)**

44. sera la nourriture du grand pécheur.**(nourrira son ennemi le Jour du Jugement)**

45. Comme du métal en fusion; il bouillonnera dans les ventres **(par un Témoignages qui attise la haine)**

46. comme le bouillonnement de l'eau surchauffée. **(La femme ajoutera ses plaintes)**

47. Qu'on le saisisse et qu'on l'emporte en plein dans la fournaise; **(ils seront tous ennemis les un des autres éternellement)**

48. qu'on verse ensuite sur sa tête de l'eau bouillante comme châtiment. **(Et Dieu tranchera)**

49. Goûte! Toi [qui prétendait être] le puissant, le noble.

50. Voilà ce dont vous doutiez.

51. Les pieux seront dans une demeure sûre,

52. parmi les jardins et des sources,

53. Ils porteront des vêtements de satin et de brocart et seront placés face à face.

54. C'est ainsi! Et Nous leur donnerons pour épouses des houris aux grands yeux.

55. Ils y demanderont en toute quiétude toutes sortes de fruits.

56. Ils n'y goûteront pas à la mort sauf leur mort première. Et [Allah] les protégera du châtiment de la Fournaise,

57. c'est là une grâce de ton Seigneur. Et c'est là l'énorme succès.

58. Nous ne l'avons facilité dans ta langue, qu'afin qu'ils se rappellent!

59. Attends donc. Eux aussi attendent.

Références bibliographiques

- Le Coran
- Al Ghayba du cheick Nomani

Pour ceux qui auraient des questions ou qui souhaiteraient rejoindre la communauté de lecteurs de mes livres, rejoignez-nous sur Facebook dans le groupe " **les chemins de la parole** ".

Printed by Books on Demand GmbH, Norderstedt / Germany